Diana Helmerking

Brandschutz

Diana Helmerking

Brandschutz

BIRKHÄUSER
BASEL

Inhalt

Vorwort

Gebäude bieten seit der Sesshaftigkeit des Menschen Schutz vor äußeren Einflüssen und Gefahren. Sie können aber bei unvorhergesehenen Ereignissen wie Blitzeinschlag und Feuer selbst leicht zur Gefahr für Menschen und Tiere werden. Die Berücksichtigung von Brandschutzbelangen ist daher ein wichtiger Teil der Gebäudeplanung. Sie umfasst sowohl vorbeugende Maßnahmen, die die Entstehung eines Brandes verhindern können, als auch Vorkehrungen, die im Falle eines Brandes die Rettung der Menschen aus einem Gebäude und das Eindämmen des Brandes durch die Feuerwehr ermöglichen.

Der Brandschutz umfasst dabei nicht nur Anforderungen an Bauteile und die Planung von Fluchtwegen, welche die Gestaltung von Grundrissen maßgeblich mitbestimmen. Intelligente Lösungen im Entwurf vereinen Gestaltungsansprüche, Funktionen und Technik zu einer ganzheitlichen Lösung.

Um diese Leitgedanken im Entwurf von Anfang an berücksichtigen zu können, ist ein fundiertes Wissen über die Anforderungen und Möglichkeiten des Brandschutzes notwendig. Dies umfasst neben den technischen Lösungen vor allem das Verständnis für Zusammenhänge und Ursachen und die notwendigen Maßnahmen im Brandfall. Wichtig ist es, brandschutzbezogene Belange als integralen Bestandteil einer Entwurfsaufgabe zu begreifen. Der Band „Basics Brandschutz" gibt hierzu eine umfassende Einführung und hilft dem Leser, eigene Entwürfe sachgerecht auszuarbeiten.

Bert Bielefeld, Herausgeber

Einleitung

Brandschutz ist eine Maßnahme der Gefahrenabwehr. Sie ist für den Entwerfenden zunächst recht abstrakt, denn es handelt sich um Vorkehrungen, die für den – hoffentlich nie eintretenden – Fall eines Brandes vorsorgen. Damit soll verhindert werden, dass eine Entstehung oder Ausbreitung von ungewolltem Feuer und Rauch zu einer Gefahr für Menschen, Tiere, Umwelt oder Sachwerte wird.

Bei der Planung eines Gebäudes beschäftigt man sich mit funktionalen Zusammenhängen, der Gestaltung von Räumen und deren Nutzung. Technische oder physikalische Aspekte stehen häufig erst im weiteren Prozess im Fokus. Dabei spielen brandschutztechnische Belange bereits in der Grundrissgestaltung eine wesentliche Rolle, denn Brandabschnitte, Fluchtwege oder Treppenräume haben einen starken Einfluss auf Zonierungen und die Bildung von Nutzungseinheiten. Brandschutz ist daher ein integraler Bestandteil der Gebäudeplanung jedes Architekten.

In diesem Buch werden daher vorrangig die brandschutztechnischen Aspekte erläutert, die für die Arbeit von Architekten und Architekturstudenten wichtig und beim Entwerfen zu berücksichtigen sind. Grundlage bilden hierfür keine nationalen Vorschriften oder normativen Vorgaben einzelner Staaten. Vielmehr werden Zusammenhänge erklärt, um ein grundsätzliches Verständnis für die Belange des Brandschutzes zu entwickeln und diese im Entwurfsprozess integral anwenden zu können.

Brandentstehung

Um die Prinzipien des vorbeugenden Brandschutzes zu verstehen, ist es zunächst notwendig, sich mit Feuer und der Entstehung von Bränden zu beschäftigen.

FEUER

Wie entsteht Feuer?

Ein Feuer ist das Ergebnis einer Verbrennung. Damit es zu einer Verbrennung kommen kann, müssen die Startbedingungen eines Brandes vorhanden sein und zusammenkommen. Ein Brennstoff (Gas, Flüssigkeit oder Feststoff) bildet mit Sauerstoff aus der Luft ein zündfähiges Gemisch. Bei entsprechenden Mengenverhältnissen des Gemisches entsteht bei Zugabe einer Zündenergie ein Feuer. > Abb. 1 Sobald eine dieser Komponenten fehlt, ist die Gefahr einer Entzündung nicht mehr gegeben. > Abb. 2

Nutz- und Schadenfeuer

Ein Feuer, das an dem Ort bleibt, der vorher dafür bestimmt wurde, ist ein Nutzfeuer, zum Beispiel ein Kaminofen oder ein Platz für das Lagerfeuer. Verlässt aber das Feuer seinen vorher festgelegten Herd oder ist es ungewollt entstanden, handelt es sich um ein Schadenfeuer/einen Brand. In der Regel führt ein Schadenfeuer zu Personen-, Sach- und/oder Umweltschäden. > Abb. 3, 4

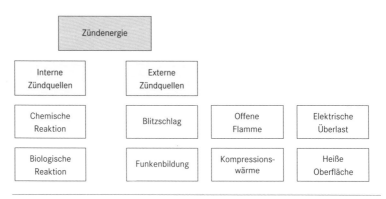

Abb. 1: Zündenergie

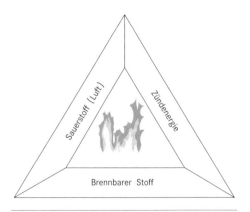

Abb. 2: Verbrennungsdreieck

Abb. 3: Osterfeuer als Nutzfeuer

Abb. 4: Großbrand als Schadenfeuer

BRANDURSACHEN

Häufige
Brandursachen

Um vorbeugende brandschützende Maßnahmen erfolgreich planen und umsetzen zu können, ist es notwendig, die möglichen Brandursachen zu kennen. Sie lassen sich in verschiedene Kategorien einteilen. > Tab. 1

Durch technische Defekte in der Elektrik, große Hitze oder fahrlässiges Verhalten im Alltag kommt es zu einer Vielzahl von Bränden. Die Sachversicherer stellen aus den ihnen gemeldeten Brandschäden Übersichten über die Brandursachen zusammen. > Abb. 5 Durch Aufklärung und Verhütungsmaßnahmen lassen sich diese reduzieren. > Kap. Brandvermeidung

Tab. 1: Brandursachen

Art der Brandursache	Beispiel
Natürliche Ursache	Blitzschlag
Durch Tiere verursacht	Nagebisse an elektrischer Verkabelung
Selbstentzündung ohne äußere Zündenergie	Ölgetränkter Putzlappen
Technische Ursache	Defekt an technischem Gerät
Fahrlässigkeit	Heiße Asche wird in einen brennbaren Papierkorb gefüllt
Brandstiftung als vorsätzliche Absicht	Anzünden einer Mülltonne

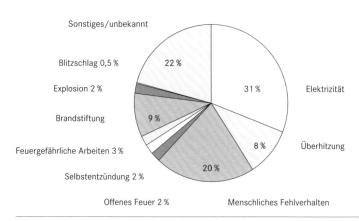

Abb. 5: Brandursachenstatistik Deutschland 2018, Quelle: ifs Schadendatenbank

ENTWICKLUNG DES BRANDES

Ein Brand kann in verschiedene Brandphasen eingeteilt werden. In der ersten Phase wird ein brennbarer Stoff entzündet und es entwickelt sich zunächst ein Entstehungsbrand, der häufig noch mit einer Löschdecke oder einem Handfeuerlöscher gelöscht werden kann. Es folgt die Phase der Brandentwicklung, die je nach Brandraum, Brandlast und Ventilation abläuft. Breiten sich die Flammen aus und die Raumlufttemperatur steigt stetig an, steigert sich das Schadenfeuer zu einem fortentwickelten Brand, der den Einsatz von Löschanlagen (Sprinkleranlage, Gaslöschanlagen) oder Löschgeräten der Feuerwehr notwendig macht. Wird der Brand in dieser Phase nicht gelöscht, kann es zu einem Flashover kommen, bei dem alle brennbaren Materialien im Brandraum entzündet werden und eine schlagartige Brandausbreitung stattfindet. Sind Löschmaßnahmen nicht möglich oder bleibt der Brand unentdeckt, kann er sich zum Vollbrand steigern. > Abb. 6

Bei einem Vollbrand steht der gesamte Brandraum mit allen Gegenständen in Flammen; die Temperatur kann 1 000 °C und mehr erreichen. Das Feuer breitet sich in Folge auf angrenzende Räume aus. Wird der Brand nicht frühzeitig entdeckt, brennt das Gebäude komplett. Vollbrand

Wenn die Brandtemperatur nicht mehr aufrechterhalten oder gesteigert werden kann, weil brennende Stoffe nicht ausreichend vorhanden sind oder die Sauerstoffzufuhr ungenügend ist, klingt der Brand sukzessive ab. Abklingen des Brandes

Wenn der Sauerstoffgehalt eines Raums sehr niedrig ist, kann sich ein Entstehungsbrand nicht zu einem ausgeprägten Feuer entwickeln. Die Temperatur erreicht nicht die Zündtemperatur. Sie kann aber ausreichen, Schwelbrand

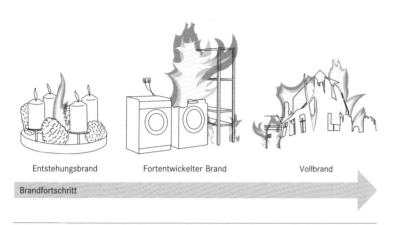

Entstehungsbrand   Fortentwickelter Brand   Vollbrand

Brandfortschritt

Abb. 6: Entwicklung des Brandes

um chemische Prozesse der Materialien im Raum anzustoßen. Dabei führt die Hitze zu Zersetzung, auch Pyrolyse genannt. Von den erhitzten brennbaren Materialien entweichen Pyrolysegase, die brennbar sind, aber noch nicht brennen. Der Brandrauch der unvollständigen Verbrennung und die Gase sammeln sich in der Rauchschicht als toxische Mischung. Die Bestandteile des Gasgemisches hängen von den Materialien ab; oft ist der Hauptbestandteil Kohlenmonoxid. Diese Phase des Brandes nennt man Schwelbrand. Ohne zusätzlichen Sauerstoff kann sich kein Vollbrand entwickeln. Bleibt der Raum verschlossen, wird der Brand aufgrund von Sauerstoffmangel erlöschen.

Flashover – Feuerübersprung Die Übergangsphase zwischen dem Beginn eines Brandes in einem geschlossenen Raum und der Phase, in dem der Brand seine maximale Temperatur erreicht hat, wird als „Flashover" oder „Feuerübersprung" bezeichnet. Diese Phase ist durch einen starken Anstieg der Temperatur in relativ kurzer Zeit geprägt. Gleichzeitig verringert sich durch den Brand die Menge an verfügbarem Sauerstoff in diesem Raum. Die Gegenstände und Oberflächen in dem Raum, die bisher nicht brennen, heizen sich durch die ansteigenden Temperaturen weiter auf. Sie entzünden sich auch ohne direkten Kontakt zu den Flammen, wenn die Zündtemperatur erreicht wird und noch ausreichend Sauerstoff zur Verfügung steht. Ab diesem Zeitpunkt brennen alle Oberflächen im Raum und der Brand geht in einen Vollbrand über.

Backdraft – Rauchgasexplosion Steht in der Phase eines sich fortentwickelnden Brandes und Anstiegs der Temperatur nicht ausreichend Sauerstoff zur Verfügung, kann die Hitze ausreichend sein, um die Zündtemperatur zu erreichen. Die bis zu diesem Zeitpunkt nicht brennenden Gegenstände werden durch das Fehlen von ausreichend Sauerstoff noch nicht in Brand gesetzt. Wird in dieser Situation dem Raum aber schlagartig eine große Menge Sauerstoff zugeführt, zum Beispiel durch Öffnen einer Tür oder Zerbersten eines Fensters, entzünden sich in sehr kurzer Zeit das Rauchgas sowie die Gegenstände im Raum. Dieser Vorgang kann so schnell ablaufen, dass es zu einer explosionsartigen Ausbreitung des Feuers kommt (englisch „backdraft").

RAUCH

Bei einem Brand können sich Brandrauch und Rauchgase schneller als das Feuer ausbreiten. Welche Zusammensetzung diese haben und welche Gefährdungen sie mit sich bringen, hängt von den verbrennenden Materialien ab. In Wohnungen gibt es eine Vielzahl von Stoffen, die meistens kohlenstoffhaltig sind. Verbrennen sie, entstehen häufig gefährliche Rauchbestandteile und Gase, die toxisch wirken. Durch das Einatmen gelangen diese in die Lunge und verursachen Lungenveränderungen. Die Aufnahme und der Austausch von Sauerstoff sind in der Folge erschwert oder unmöglich. Dies führt zu Rauchgasverletzungen, die die Überlebenschancen von Brandopfern verschlechtern. > Tab. 2

Ruß gehört nicht zu den Brandgasen und entsteht besonders dann, Ruß
wenn eine Verbrennung rasch abläuft und nicht ausreichend Sauerstoff
nachströmen kann. Weil die Rußpartikel sehr klein sind (ca. 10 nm bis
300 nm, also 1000-mal kleiner als der Durchmesser eines Haares), können sie eingeatmet werden und so Lungenkrebs verursachen.

Tab. 2: Brandgase

Gase	Eigenschaften	Brandlast	Auswirkungen
HCl Chlorwasserstoff	Kann in Verbindung mit Wasser Salzsäure bilden	Chlorhaltige Stoffe (PVC, Medikamente, Kühlmittel)	Schleimhautverätzungen
HCN Cyanwasserstoff	Instabil, kann explosionsartig zerfallen	Organische Stoffe sowie Nylon, Polyurethan (Matratzen, Polstermöbel, Teppiche)	Tödliches Atemgift
Dioxine $(PCDD^1/PCDF^2)$	Hochgiftig	Chlorhaltige Stoffe	Schädigung der Haut, des Nervensystems, Störung des Hormonhaushaltes und der Enzymsysteme
CO_2 Kohlendioxid	Verdrängt den Sauerstoff in der Luft	Organische Stoffe (Holz, Leder, Wolle, Textilien)	Schleimhautreizungen, Atemnot (Atemstillstand), Muskelkrämpfe
CO Kohlenmonoxid	Entsteht bei Verbrennungen mit unzureichend Sauerstoff, ist leichter als Luft	Anorganische Stoffe (Metalle, Kunststoff)	Übelkeit, Kopfschmerzen; in hohen Dosen: Bewusstlosig-keit, Atemstillstand
SO_X Schwefeloxide	Können in Verbindung mit Wasser Schwefelsäure bilden	Schwefelhaltige Materialien (Kohle, Benzin, Heizöl)	Schleimhautverätzungen
NO/NO_2 Stickoxide	Giftig	Stickstoffhaltige Produkte	Schädigung der Atemwege

1 PCDD: Polychlorierte Dibenzodioxine
2 PCDF: Polychlorierte Dibenzofurane

Vorbeugender Brandschutz

Im Brandschutz unterscheidet man zwischen vorbeugendem und abwehrendem Brandschutz. Der vorbeugende Brandschutz umfasst Maßnahmen zur Verhinderung der Brandentstehung und Brandausbreitung, der abwehrende Brandschutz Maßnahmen zur Rettung von Personen und Tieren, zur Eindämmung und Bekämpfung von Feuer und Rauch.

Die Anforderungen an den vorbeugenden Brandschutz bei der Errichtung oder Änderung eines Gebäudes sind stark durch gesetzliche Vorgaben geprägt und werden durch Verordnungen, Normen und Richtlinien konkretisiert.

Gleichwohl gibt es allgemeine Grundsätze, die allen brandschutzrelevanten Vorschriften zugrunde liegen, da sie aus technischen und operativen Notwendigkeiten abgeleitet werden. Diese allgemeinen Grundsätze sind universal bei der Planung zu berücksichtigen und werden von Architekten in Zusammenarbeit mit Sachverständigen und/oder Fachplanern für Brandschutz für das jeweilige Bauvorhaben erarbeitet und abgestimmt.

In der Planung werden vor allem Aspekte des vorbeugenden Brandschutzes berücksichtigt. > Abb. 7

Dessen Aufgaben können drei Kategorien zugeordnet werden:

— baulicher Brandschutz
— anlagentechnischer Brandschutz
— organisatorischer Brandschutz

● **Beispiel:** In Deutschland werden die wesentlichen Vorgaben zum Brandschutz in den Landesbauordnungen der jeweiligen Bundesländer geregelt, in UK (United Kingdom) in den Building Regulations. In der Regel werden die jeweiligen Vorgaben durch technische Konkretisierungen wie z. B. Normen ergänzt.

Brandschutz	Vorbeugender Brandschutz	Baulicher Brandschutz	Anlagentechnischer Brandschutz	Organisatorischer Brandschutz
	Abwehrender Brandschutz	Retten	Löschen	Bergen

Abb. 7: Gliederung Brandschutz

Die Aufgaben des abwehrenden Brandschutzes werden hauptsächlich von der Feuerwehr erfüllt, die die gefährdeten Personen rettet und das Feuer löscht. > Kap. Maßnahmen des abwehrenden Brandschutzes

Abwehrender Brandschutz

ALLGEMEINE SCHUTZZIELE

Kommt es zu einem Brandereignis, müssen Personen-, Sach- und Umweltschäden verhindert werden. Der Schutz von Leben und Gesundheit von Menschen und Tieren steht an erster Stelle und ist ein allgemeines Schutzziel.

Die allgemeinen Schutzziele für Standardgebäude (Gebäude ohne besondere Art und Nutzung) sind in den öffentlich-rechtlichen Vorschriften der jeweiligen Staaten, z. B. in Deutschland in den Bauordnungen der Länder, geregelt und verfolgen einheitlich folgende Grundsätze: > Abb. 8

Grundsätzliche Ziele

— Verhinderung der Brandentstehung bzw. der Ausbreitung von Feuer und Rauch
— Rettung von Menschen und Tieren
— Ermöglichen von wirksamen Löscharbeiten

Um das erste Schutzziel „Verhinderung der Brandentstehung und der Ausbreitung von Feuer und Rauch" zur erreichen, werden an die Baustoffe und Bauteile besondere Anforderungen in Bezug auf ihre Brennbarkeit, den Feuerwiderstand und den Raumabschluss gestellt. > Kap. Bauliche Maßnahmen Eine Standsicherheit und Rauchfreiheit sicherer Bereiche kann so für einen vorher festgelegten Zeitraum erreicht werden, damit die Flucht aus dem Gebäude möglich bleibt. > Kap. Verhinderung der Brandausbreitung

Verhinderung der Brandentstehung und der Ausbreitung

Für den Fall eines Brandereignisses müssen Rettungsmaßnahmen möglich sein, damit Menschen und Tiere den gefährdeten Bereich verlassen oder von dort befreit werden können. Der erste Rettungsweg, der in jedem Gebäude baulich vorhanden sein muss, ermöglicht die Selbstrettung, also die Rettung ohne fremde Hilfe. Er dient der Feuerwehr nach abgeschlossener Rettung als Angriffsweg zur Brandbekämpfung und muss auch für diesen Zeitraum sicher sein. Der zweite Rettungsweg bietet eine alternative Fluchtmöglichkeit, wenn der erste Rettungsweg nicht

Rettung von Menschen und Tieren

Abb. 8: Allgemeine Schutzziele

benutzt werden kann. > Kap. Gestaltung von Rettungswegen Die Rettungsmaßnahmen und die Löscharbeiten der Feuerwehr werden dem Aufgabenbereich
„abwehrender Brandschutz" zugeordnet. > Kap. Ermöglichen von Löscharbeiten

BESONDERE SCHUTZZIELE

Schutz vor Sachschäden

Darüber hinaus sollen Sachschäden durch Feuer und Rauch sowie
Umweltschäden verhindert oder begrenzt werden. Beides gehört zu
den besonderen Schutzzielen und wird durch zusätzliche bauliche, organisatorische und anlagentechnische Maßnahmen sichergestellt. Zur Mini-
mierung des Restrisikos wurden von Versicherungen und Berufsge-
nossenschaften Auflagen und Empfehlungen entwickelt, damit z. B. durch
schnelles Löschen wirtschaftliche Verluste durch Betriebs- oder Produk-
tionsausfälle verhindert werden. Weil Versicherungen ein Interesse daran haben, im Brandfall möglichst geringe Sachschäden zu entschädigen,
werden seitens der Versicherer ggf. weitere Vorgaben im Rahmen der
Versicherungsbedingungen gemacht.

Zu den besonderen Schutzzielen zählen auch die Erhaltung der Bau-
substanz im Sinne der Sachwerterhaltung oder des Denkmalschutzes,
die Sicherung eines kulturellen Erbes und die Aufrechterhaltung des lau-
fenden (Staats-)Betriebes (Datensicherheit, medizinische Versorgung,
● militärische Sicherheit).

● **Beispiel:** Je nach Nutzung können weitere besondere Schutzziele hinzukommen, so können beispielsweise die Vorsorge vor Havarie in einem Chemiewerk,
der Explosionsschutz bei kritischem Lagergut oder
die Aufrechterhaltung bestimmter Funktionsbereiche
(z. B. OP-Bereiche im Krankenhaus) eine wichtige Rolle
spielen.

Bauliche Maßnahmen

Zur Unterstützung des baulichen Brandschutzes können verschiedene Maßnahmen ergriffen werden. Einerseits ist die Brennbarkeit von Baustoffen und Einrichtungsgegenständen möglichst auf ein Minimum zu reduzieren, andererseits muss durch Schottung die Ausbreitung von Feuer, Rauch und Wärme verhindert werden.

BRENNBARKEIT VON BAUSTOFFEN

Die Entstehung und Entwicklung eines Brandes hängt entscheidend von den Eigenschaften der Baustoffe ab. Daher haben Baustoffe besondere Anforderungen hinsichtlich der Brennbarkeit bzw. Entflammbarkeit zu erfüllen und werden anhand von genormten Tests nach ihrem Brandverhalten in verschiedene Klassen eingestuft. Es gibt internationale, europäische, nationale und bauaufsichtliche Anforderungen. Man kann zunächst zwischen brennbaren und nichtbrennbaren Baustoffen unterscheiden.

Die nichtbrennbaren Baustoffe bestehen zum überwiegenden Teil aus Materialien, die nicht entzündet werden können. Sie können sich ggf. unter Hitzeeinwirkung verändern, stellen aber selbst keine Brandgefahr oder Brandlast dar.

> *Nichtbrennbare Baustoffe*

Die brennbaren Baustoffe werden nach dem Grad der Entflammbarkeit bzw. dem Umfang ihrer potenziellen Beteiligung am Brandgeschehen unterschieden. Sie werden daher in leicht-, normal- und schwerentflammbare Baustoffe eingeteilt.

> *Brennbare Baustoffe*

●

Baustoffe, die auch nach ihrem Einbau oder nach der Verarbeitung als leichtentflammbar eingestuft werden, oder Baustoffe ohne Leistungsmerkmal (Deutschland DIN 4102: B3; Europa DIN EN 13501: F) dürfen weder bei einem Neubau noch bei einem Umbau oder einer Erweiterung eingebaut werden. Leichtentflammbare Baustoffe können nur in einer verbundenen Konstruktion Anwendung finden, wenn diese dann insgesamt nicht mehr leichtentflammbar ist. > Tab. 3

● **Beispiel**: Beispiele für brennbare Baustoffe sind Holz, Papier, Wolle, Polystyrol oder Stroh. Zu den nichtbrennbaren Baustoffen zählen Stein, Lehm, Kies, Stahl, Ziegel, Ton, Glas, Gips oder Mörtel.

Tab. 3: Brandverhalten der Baustoffe, europäische und deutsche Baustoffklassen

Anforderung	Europäische Klassifizierung DIN EN 13501	Deutsche Klassifizierung DIN 4102
Nichtbrennbar	A 1, A 2	A 1, A 2
Schwerentflammbar	A 2, B, C	B 1
Normalentflammbar	D, E	B 2
Leichtentflammbar	F	B 3

Tab. 4: Zusatzanforderungen bei der Klassifizierung von Baustoffen nach EN 13501

Klassifizierung	Anforderung an die Rauchentwicklung (s = smoke)
s1	geringe Rauchentwicklung
s2	mittlere Rauchentwicklung
s3	hohe Rauchentwicklung/Rauchentwicklung nicht geprüft nach DIN EN 13501 Bauprodukte, für die keine Rauchentwicklung geprüft wurde oder die nicht die Kriterien für s1 und s2 erfüllen.
Klassifizierung	**Anforderung an das brennende Abtropfen (d = droplets)**
d0	kein brennendes Abtropfen/Abfallen innerhalb von 600 Sekunden
d1	kein brennendes Abtropfen/Abfallen mit einer Nachbrennzeit länger als 10 Sekunden innerhalb von 600 Sekunden
d2	keine Leistung festgestellt

Entflammbarkeit und Rauchentwicklung

Baustoffe werden zusätzlich zu ihrer Entflammbarkeit auf ihre Rauchentwicklung getestet. Die Rauchentwicklung von Baustoffen kann die Sicht auf dem Fluchtweg behindern, und die toxischen Anteile im Rauch können Auswirkungen auf das Bewusstsein und die Gesundheit haben. Bei der Untersuchung der Baustoffe wird zusätzlich festgestellt, inwieweit der jeweilige Baustoff brennend abtropft. Ein brennender Tropfen eines Kunststoffes kann den Brand auf eine andere Stelle übertragen und dort fortsetzen. > Tab. 4

Je weniger brennbare Baustoffe ein Gebäude enthält, desto weniger Gefährdungspotenzial hat es im Brandfall. So sollten die begrenzenden Bauteile von Fluchtwegen grundsätzlich aus nichtbrennbaren Baustoffen bestehen.

FEUERWIDERSTAND VON BAUTEILEN

Ist es zu einem Brand gekommen, soll dieser an der Ausbreitung gehindert werden. Daher werden die Übertragungswege durch Trennung gesichert, damit Feuer, Rauch und Wärme nicht von einem Bereich oder Gebäude zum nächsten gelangen können.

Bauteile wie Wände, Decken und Dächer müssen dem Feuer über einen vorher festgelegten Zeitraum widerstehen, um die Brandübertragung
zu verhindern. Die Feuerwiderstandsfähigkeit gibt die notwendige Dauer
des Funktionserhalts in Minuten an. Bauteile werden geprüft und in Feuer-
widerstandsklassen eingeteilt. > Tab. 5–8 Tragende Bauteile müssen ihre
Tragfähigkeit auch unter Brandbeanspruchung über einen vorher festgelegten Zeitraum erhalten. Sie sind aufgrund ihrer Eigenschaften in der
letzten Phase des Brandes entscheidend, denn die aussteifenden Bauteile
bewahren die Statik des Gebäudes und sichern damit die Rettungswege.

Tab. 5: Feuerwiderstand: bauaufsichtliche Benennung in Deutschland

Bauaufsichtliche Benennung	Feuerwiderstand in Minuten
Feuerhemmend	30 Minuten
Hochfeuerhemmend	60 Minuten
Feuerbeständig	90 Minuten
Hochfeuerbeständig	120 Minuten

Tab. 6: Anforderung an die Bauteile, europäische Klassifikation nach EN 13501

Europäische Bezeichnung		Anforderung an die Bauteile
R	Résistance	Tragfähigkeit
E	Étanchéité	Raumabschluss
I	Isolation	Wärmedämmung unter Brandeinwirkung
M	Mechanical Impact	Widerstand gegen mechanische Stoßbeanspruchung

Tab. 7: Europäische Klassifizierung der tragenden Bauteile

Bauaufsichtliche Anforderungen	Tragendes Bauteil	
	Mit Raumabschluss	Ohne Raumabschluss
Feuerhemmend	REI 30	R 30
Hochfeuerhemmend	REI 60	R 60
Feuerbeständig	REI 90	R 90
Brandwand	REI 90-M	–

Tab. 8: Europäische Klassifizierung der nichttragenden Bauteile

Bauaufsichtliche Anforderungen	Nichttragende Wand	
	Außen	Innen
Feuerhemmend	E 30 (i > o) EI 30 (i < o)	EI 30
Hochfeuerhemmend	E 60 (i > o) EI 60 (i < o)	EI 60
Feuerbeständig	E 90 (i > o) EI 90 (i < o)	EI 90
Brandwand	–	EI 90-M

(i > o) von innen nach außen   (i < o) von außen nach innen

Klassifizierung
von Bauteilen

Um eine ungehinderte Ausbreitung des Feuers zu vermeiden, werden Gebäude zudem in brandschutztechnisch getrennte Bereiche gegliedert. Diese können Nutzungs- oder Wohnungseinheiten, Geschosse oder Brandabschnitte sein. Durch raumabschließende Bauteile werden die Einheiten voneinander getrennt und so der Durchgang von Feuer, Rauch und Wärme verhindert. Die einzelnen Einheiten werden durch mindestens feuerhemmende Bauteile getrennt. Nach der europäischen Klassifizierung (DIN EN 13501) wird geprüft, über welchen Zeitraum der Raumabschluss der Bauteile während eines definierten Brandes zum Schutz der benachbarten Einheit erhalten bleibt. > Tab. 6

Verminderung von
Wärmestrahlung

Raumabschließende Bauteile sind so zu gestalten, dass die Temperatur auf der dem Brand abgewandten Seite nur so weit ansteigt, dass eine Entzündung durch Wärmestrahlung in diesem Bereich nicht möglich ist. Die Wärmestrahlung nimmt bei Temperaturerhöhung zu und bei Entfernung ab. Sie ist eine Form des Wärmetransportes.

Brandwände

Brandwände haben die Aufgabe, Brandabschnitte herzustellen und zu sichern. Sie müssen hohe Anforderungen in Bezug auf den Feuerwiderstand und die Standsicherheit bei Brandbelastung erfüllen und werden aus nichtbrennbaren Baustoffen hergestellt. Sie sind so zu bemessen, dass sie neben dem Raumabschluss mechanischen Beanspruchungen widerstehen können (z. B. REI 90-M, EI 90-M).

Tab. 9: Europäische Klassifikation des Rauchschutzes nach EN 13501

Europäische Bezeichnung		Anforderung an die Bauteile
s	smoke	rauchdicht
c	closing	selbstschließend

Damit sich Rauch nicht ungehindert ausbreiten kann, muss die Rauchdurchlässigkeit der Bauteile begrenzt werden. > Tab. 9 Auch die Öffnungen in Rauch- oder Brandabschnitten müssen zuverlässig mit Türen, Toren oder Klappen verschlossen werden.

Rauchschutz

VERHINDERUNG DER BRANDAUSBREITUNG

Neben den Anforderungen an die Bauteile ist vor allem die räumliche Trennung im Rahmen der Planung zu berücksichtigen, etwa durch einen ausreichenden Abstand zwischen Gebäuden bzw. Gebäudeteilen oder durch eine bauliche Abschottung innerhalb eines Gebäudes.

Abstandsflächen zur Nachbarbebauung sind Flächen, die nach den jeweiligen bauordnungsrechtlichen Vorgaben von Bebauung freizuhalten sind. Sie dienen neben dem Schutz der Privatsphäre auch dem Brandschutz. Durch einen definierten Abstand der Gebäude zueinander soll verhindert werden, dass ein brennendes Gebäude über ein Grundstück hinaus ein Nachbargebäude entflammt. > Abb. 9

Abstandsflächen

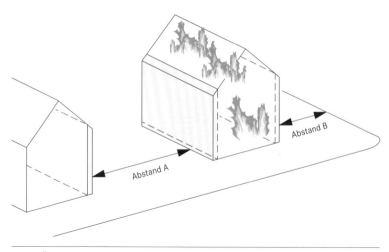

Abstand B

Abstand A

Abb. 9: Äußere Brandwände zur Grenze und zum Gebäude auf demselben Grundstück

Äußere Abschottung Ist es durch planungsrechtliche Vorgaben oder das vorhandene städtebauliche Gefüge nicht möglich, ausreichende Abstandsflächen einzuhalten, muss eine Abschottung des Gebäudes zu der Nachbarbebauung durch Brandwände erfolgen. Äußere Brandwände dürfen nicht durch Türen oder Fenster unterbrochen werden, Öffnungen sind in der Regel nicht zulässig. > Abb. 10

Innere Abschottung Innere Brandwände trennen aneinandergereihte Gebäude (z. B. Doppelhäuser, Reihenhäuser) oder ausgedehnte Gebäude in Brandabschnitte, um den Übertritt von Feuer, Rauch und Wärme zu verhindern. Innere Brandwände müssen bis zur Bedachung durchgehen und sollten in den Geschossen übereinander angeordnet sein. Ein abweichender Versatz kann je nach Vorhaben erlaubt werden; dazu müssen häufig weitere Bedingungen (Kompensationsmaßnahmen) erfüllt werden. > Abb. 11

Brandüberschlag über Dach Im Fall eines Brandes kann es passieren, dass sich das Feuer bei aneinandergereihten Gebäuden über das Dach hinaus entwickelt. Daher sind bauliche Maßnahmen zu planen, die eine Brandweiterleitung auf die Nachbarbebauung verhindern. Eine Möglichkeit ist, die Brandwand, die die Gebäude trennt, über das Dach hinauszuführen. Ist eine Brandwand geplant, die unterhalb der Bedachung endet, muss sie in Höhe der Dachhaut auf beiden Seiten mit auskragenden, feuerbeständigen Platten aus nichtbrennbaren Baustoffen abgeschlossen werden. > Abb. 12

Einteilung in Brandabschnitte Brandwände eigenen sich zur Unterteilung ausgedehnter Gebäude in Brandabschnitte. Die Trennung erfolgt entweder durch eine Festlegung der Länge (z. B. in Deutschland: Brandabschnitte maximal 40,00 m) oder durch Nutzung (z. B. Abgrenzung stark gefährdeter Bereiche von ungefährdeten Bereichen).

24

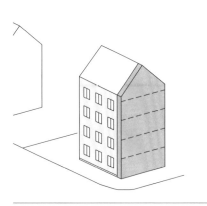

Abb. 10: Äußere Brandwand

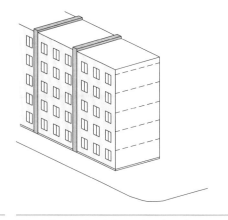

Abb. 11: Durchgehende innere Brandwand

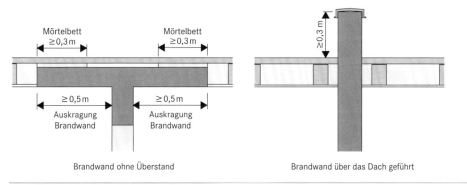

Brandwand ohne Überstand — Brandwand über das Dach geführt

Abb. 12: Beispiele Wand-Dach-Abschluss einer Brandwand

Sind Gebäude oder Gebäudeteile durch eine Brandwand getrennt und so angeordnet, dass sie über Eck zusammenstoßen, muss ein Abstand der Brandwand zur Innenecke eingehalten werden, damit der Brand nicht von einem Gebäudeteil über die Brandwand hinweg auf den anderen überschlagen kann. > Abb. 13, 14

Brandüberschlag über Eck

○

○ **Hinweis:** Nach deutscher Musterbauordnung (MBO § 30 Abs. 6) beträgt der Abstand 5 m. Kann der Abstand der Brandwand zur Innenecke nicht eingehalten werden, sind zusätzliche anlagentechnische oder bauliche Maßnahmen zu planen, um die Unterschreitung zu kompensieren. > Kap. Kompensation

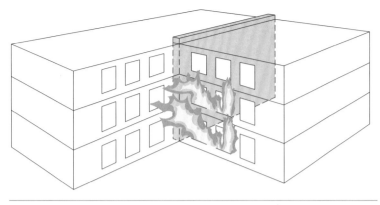

Abb. 13: Brandüberschlag

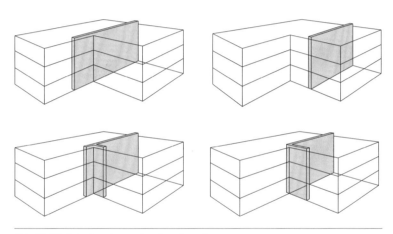

Abb. 14: Mögliche Anordnung einer Brandwand

Vertikaler Brandüberschlag   Wenn das Feuer den Brandraum verlässt, kann es nicht nur zu einer horizontalen Brandausbreitung in benachbarte Räume, sondern auch vertikal zu einem Brandüberschlag über Fassaden, Treppenräume oder Schächte kommen. Um einen vertikalen Brandüberschlag zu verhindern, können z. B. für Fassaden feuerbeständige Brüstungen oder auskragende Deckenplatten gefordert werden.

Decken   Decken sind als Bauteile mit tragender und raumabschließender Funktion so zu planen, dass sie ihre statistischen Eigenschaften im Fall eines Brandes über einen definierten Zeitraum behalten und widerstandsfähig gegen die Brandausbreitung sind. Das bedeutet auch, dass das Feuer weder von unten nach oben noch von oben nach unten durch die Decke gelangen darf. Der jeweilige Anschluss an die Fassade ist so herzustellen, dass die raumabschließende Aufgabe erfüllt werden kann. Die Anforderungen an den Feuerwiderstand hängen von der Komplexität des Gebäudes ab. Decken über Räumen mit erhöhter Brandgefahr wie Decken über Werkstätten oder Laboren haben demnach höheren Anforderungen zu genügen als eine Decke über einer Wohneinheit, bei der nur mit einer normalen Brandgefährdung zu rechnen ist. Die Decken in Kellergeschossen und in Dachgeschossen werden gesondert betrachtet.

Dächer müssen von außen und innen gegen eine Brandbeanspruchung geschützt werden. Eine Beanspruchung von außen bedeutet Widerstand der Bedachung gegen Flugfeuer und strahlende Wärme, denn ein Brand kann zum Beispiel auch durch Flugfeuer aus der Nachbarschaft verursacht werden. Ein Schutz des Daches kann durch eine harte Bedachung erfolgen, die aus nichtbrennbaren Baustoffen der Dachhaut bzw. Dachdeckung besteht. > Abb. 15

Bei weichen Bedachungen sind größere Abstände von der Grundstücksgrenze bzw. von der Nachbarbebauung gefordert. Dächer müssen auch gegen eine Brandgefahr von unten, also aus dem darunterliegenden Geschoss, hinsichtlich Feuerwiderstandsfähigkeit, Widerstand gegen Brandausbreitung und -übertragung, Flugfeuer und strahlender Wärme ausgerüstet sein.

Dächer

○

○ **Hinweis**: Als harte Bedachung eignen sich zum Beispiel Bedachungen aus Dachsteinen, Dachziegeln, Schiefer oder Metalleindeckungen. Weiche Bedachungen wie z. B. Dacheindeckungen aus Schilf, Reet oder Stroh sind weniger widerstandsfähig gegen Flugfeuer und strahlende Wärme.

F = Flugfeuer   S = strahlende Wärme

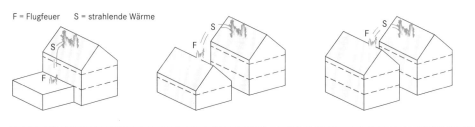

Abb. 15: Brandausbreitung

RAUCHSCHOTTUNG

Um im Brandfall Rauchausbreitungen begrenzen zu können, ist es notwendig, durch Wände und Decken Rauchabschnitte zu bilden und enthaltene Öffnungen wie Türen oder Durchdringungen zu schotten. > Kap. Rauch

Länge von Rauchabschnitten

Ohne Atemschutz ist eine Flucht durch verrauchte Abschnitte in einen sicheren Bereich wegen möglicher Bewusstseinseintrübung und schlechter Sicht nur etwa drei Minuten lang möglich. Gelingt es in dieser Zeit nicht, den sicheren Bereich (notwendiger Treppenraum, Ausgang ins Freie) zu erreichen, drohen Ohnmacht und/oder Tod durch Ersticken. Auch für einen Feuerwehreinsatz sollte die Sicht nach einer begrenzten Strecke wieder frei sein, damit eine Orientierung in ausgedehnten Gebäuden möglich ist. Ein Rauchabschnitt sollte daher maximal 30 Meter lang sein. Er erstreckt sich über ein oder mehrere Geschosse. > Abb. 16

Höhe der rauch-freien Schicht

In Gebäuden mit größeren Raumhöhen (Theater, Museen) ist die Rauchschicht nicht so schnell sicht- und damit fluchtbehindernd, weil sich der heiße Rauch aus thermischen Gründen an der Decke sammelt und der zur Flucht notwendige rauchfreie Bereich länger erhalten bleibt. Bei Sonderbauten stehen durch die Anlagentechnik (Löschanlagen, Rauch- und Wärmeabzugsanlagen) weitere Instrumente zur Verfügung, um die rauchfreie Schicht für die Zeit der Flucht zu gewährleisten. > Abb. 17 und Kap. Rauch- und Wärmeabzugsanlagen

Abschottung von Öffnungen und Durchdringungen

Sowohl Feuer als auch Rauch und Wärme dürfen nicht von dem in Brand stehenden Abschnitt auf einen anderen übergehen. Um die trennende Funktion der Bauteile zu erhalten, sollten Öffnungen und Durchdringungen auf ein Mindestmaß reduziert werden. Öffnungen in Wänden, Decken und Dächern werden mit Feuer- und Rauchschutzabschlüssen bzw. Feuerschutz- oder Rauchschutztüren geschlossen. Auch Durchdringungen

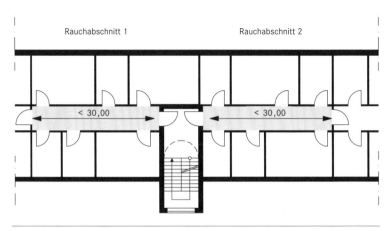

Abb. 16: Rauchabschnitte

für Lüftungsleitungen, Kanäle und elektrische Leitungen werden mit geeigneten Maßnahmen geschlossen, beispielsweise mit Kabelschotts oder Brandschutzklappen. > Abb. 18

    Brandschutztüren, -tore und -klappen sind geeignete Bauteile, um Öffnungen oder Durchdringungen in feuerhemmenden oder feuerbeständigen Wänden bzw. Brandwänden im Brandfall sicher zu verschließen und gegen Feuer abzuschotten. > Abb. 19 Grundsätzlich müssen Feuerschutzabschlüsse

Brandschutztür

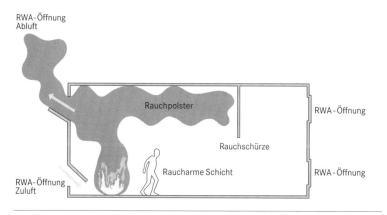

RWA-Öffnung
Abluft

Rauchpolster

RWA-Öffnung

Rauchschürze

Raucharme Schicht

RWA-Öffnung
Zuluft

RWA-Öffnung

Abb. 17: Raucharme Schicht bei Einsatz einer Rauch-Wärme-Abzugsanlage

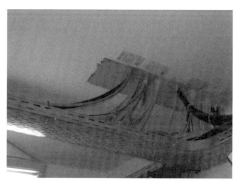

Abb. 18: Kabelschott

Abb. 19: Feuerschutztor als Feuerschutzabschluss

selbstschließend sein; sie müssen von selbst ins Schloss fallen und dürfen an einem Zufallen nicht gehindert werden.

Dazu werden die Türen mit Obentürschließern oder Freilauftürschließern ausgerüstet. Der Obentürschließer ist ein besonderer Türschließer, der die Funktion hat, die Tür ohne Aktion des Nutzers sicher und automatisch zu schließen. Türen mit Freilauftürschließern werden in den Bereichen eingebaut, wo ein freier Durchgang (Barrierefreiheit) ohne vorheriges Türöffnen erforderlich ist. Die Türen haben eine Rastfunktion und werden standardmäßig offengehalten. Im Brandfall werden die Türen automatisch angesteuert und verschließen die Öffnung.

Rauchschutztüren

Eine Rauchschutztür (Rauchschutzabschluss) ist eine selbstschließende Tür, die im geschlossenen Zustand den Rauchdurchtritt verhindert. Die Planung der Türausstattung ist wichtig, denn Feuer- und Rauchschutztüren können nachträglich nur in geringem Umfang verändert werden, weil sie sonst ihre Zulassung als abschottendes Bauteil für den speziellen Einbauort verlieren können.

Dichtschließende Tür

Eine Tür, die als geringste abschottende Wirkung ein dichtes Schließen ermöglicht, wird als dichtschließende Tür bezeichnet. In einigen Ländern sind dichtschließende Türen gestattet, um Wohnungseinheiten zum Schutz des Treppenraumes zu verschließen. An diese Art von Türen werden geringere Anforderungen gestellt als an Feuer- oder Rauchschutztüren, aber sie sind geeignet, den Durchtritt von Brand und Rauch über einen kurzen, nicht genau definierten Zeitraum zu behindern (in der Regel weniger als 30 Minuten). Dichtschließende Türen verfügen über eine dreiseitig umlaufende dauerelastische Dichtung; die Bodendichtung und die selbstschließende Eigenschaft fehlen.

O **Hinweis**: Fliehen Menschen im Brandfall aus ihrer Wohnung oder ihrem Büro, achten sie oft nicht darauf, die Türen zu verschließen. So kann im ungünstigen Fall der Rettungsweg verrauchen und die Selbstrettung unmöglich werden. Daher darf die Schließung von Rauchschutztüren und Brandschutztüren auch nicht temporär, z. B. über Keile, verhindert werden.

Damit auch in komplexen Gebäuden oder Gebäuden mit einer höheren Brandgefährdung alle Brandschutzanforderungen erfüllt werden können, werden zusätzlich zu baulichen Maßnahmen anlagentechnische Mittel eingesetzt. Die jeweiligen Länder können durch Gesetze, Normen, Richtlinien und Auflagen festlegen, welche Maßnahmen zu ergreifen sind, um den Personenschutz und häufig auch den Sach-, Vermögens- oder Umweltschutz bei einem Brand zu gewährleisten, wenn die Schutzziele allein durch baulichen Brandschutz nicht zu erreichen sind. Diese präventiven und operativen Maßnahmen werden als anlagentechnischer Brandschutz bezeichnet. In der Regel wird ein Brandschutzkonzept erarbeitet, damit alle baulichen, anlagentechnischen und organisatorischen Maßnahmen optimal aufeinander abgestimmt werden, um die gesetzlichen und auch die versicherungstechnischen Forderungen zu erfüllen.

WARNANLAGEN

Durch präventive Maßnahmen, wie die Installation einer Warnanlage, können Brände sehr früh entdeckt und Nutzer umgehend informiert werden. Eine Warnanlage kann eine direkte Anforderung von Hilfe vor Ort auslösen und/oder durch eine automatische Weiterleitung eine Alarmierung der Feuerwehr verursachen.

Eine typische Warnanlage ist die Brandmeldeanlage (BMA), die die Aufgabe hat, Brände bereits in der Entstehungsphase zu erkennen, die Nutzer des Gebäudes zu warnen, Hilfe anzufordern, Brandschutzeinrichtungen zu bedienen und den Einsatzkräften anzuzeigen, wo der Brand erkannt wurde. Die Anlage verfügt über automatische Brandmelder an relevanten Stellen bzw. flächendeckend im Gebäude, die eine Branderkennung an die Brandmeldezentrale weiterleiten. Es gibt die Möglichkeit, Brandmelder mit verschiedenen Kenngrößen (Rauch, Temperatur oder Flammen) zu installieren, um besonderen Nutzungen gerecht zu werden.
> Abb. 20 Auch nichtautomatische Brandmelder (Handfeuermelder) können

●
Brandmeldeanlage

● **Beispiel**: In einem denkmalgeschützten Gebäude können Wände eines Fluchtwegs nicht nach aktueller Vorschrift in REI 90 hergestellt werden und der Fluchtweg kann lediglich für 30 Minuten sicher bleiben. Durch die Installation einer Warnanlage ist es möglich, alle Nutzer so zeitig zu informieren, dass das Gebäude innerhalb von 30 Minuten räumbar ist und die Feuerwehr keine Personen im Gebäude mehr suchen muss.

an die Anlage angeschlossen werden. In der Brandmeldezentrale laufen alle Informationen zu Detektionen oder Störungen der Brandmelder zusammen. Die Brandmeldezentrale löst je nach Vorfall eine automatische Alarmierung aus und steuert verschiedene Anlagen an, damit beispielsweise die Feuerschutztüren geschlossen werden, die Klimaanlage und sensible Geräte abgeschaltet werden und/oder eine Löschanlage ausge-

○ löst wird.

Abb. 20: Rauchmelder (automatischer Brandmelder, Kenngröße Rauch)

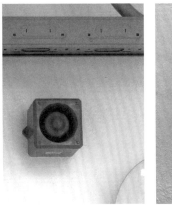 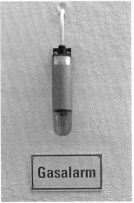

Akustischer Alarm   Optischer Alarm

Abb. 21: Hausalarm

○ **Hinweis**: Eine Alarmierung erfolgt in der Regel als akustischer und optischer Hausalarm, um auch Menschen mit Seh- bzw. Hörbehinderung erreichen zu können. Diese Vorgehensweise wird als Zwei-Sinne-Prinzip bezeichnet. > Abb. 21

Abb. 22: Anzeigentableau, Bedienfeld und Laufkarten-
depot für die Feuerwehr

Abb. 23: Handfeuermelder

Die Brandmeldeanlage kann so konfiguriert werden, dass eine
Meldung bei der Feuerwehr ausgelöst wird, um eine unmittelbare Alarmierung der Einsatzkräfte zu garantieren (Alarmübertragungsanlage mit
stehender Verbindung). Für die Einsatzkräfte der Feuerwehr ist die Anlage mit einem Feuerwehrtableau ausgerüstet, das im Eingang der An-
griffswege der Feuerwehr angeordnet ist. > Abb. 22 Es bietet einen Überblick, wo die Anlage ausgelöst wurde bzw. welche Bereiche einen Brand
gemeldet haben. Das Feuerwehrtableau ist mit Laufkarten kombiniert,
die der Feuerwehr den Weg zu den Meldern weisen. > Kap. Organisatorische
und betriebliche Umsetzung

Um Personen, die sich im Gebäude aufhalten, die Möglichkeit zu ge-   Handfeuermelder
ben, manuell einen Brand zu melden, werden Handfeuermelder an wesentlichen Stellen des Gebäudes bzw. an Orten mit erhöhter Brandgefahr
angeordnet. > Abb. 23

SELBSTHILFEANLAGEN

Damit ein Entstehungsbrand durch anwesende Personen direkt
gelöscht bzw. bekämpft werden kann, gibt es in Gebäuden Selbsthilfeanlagen. Zu diesen Selbsthilfeanlagen zählen Handfeuerlöscher und
Wandhydranten.

Je nach Einsatzort sind verschiedene Arten von Feuerlöschern mit   Handfeuerlöscher
unterschiedlichen Löschmitteln einzusetzen.

● **Beispiel**: Ereignet sich in einer Küche ein
Fettbrand, entsteht beim Löschen mit Wasser
eine Fettexplosion. Für diesen Zweck eignen
sich spezielle Fettbrandlöscher. In Bereichen
mit elektrischen Anlagen oder technischen
Geräten sind Kohlendioxid-Feuerlöscher zu
verwenden, da sie keine Rückstände an den
empfindlichen Geräten hinterlassen.

Damit Selbsthilfeanlagen wie Handfeuerlöscher und Wandhydranten > Abb. 23–25 effektiv bei Entstehungsbränden genutzt werden können, müssen Personen im Rahmen des betrieblichen Brandschutzes in den Umgang mit diesen Feuerlöschern eingewiesen werden. > Kap. Organisatorische und betriebliche Umsetzung

Hinweiszeichen Feuerlöscher   Pulverlöscher   Kohlendioxidlöscher

Abb. 24: Handfeuerlöscher

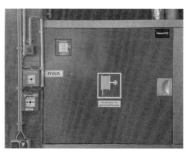 

geschlossen   geöffnet

Abb. 25: Wandhydrant

FEUERLÖSCHANLAGEN

Feuerlöschanlagen sind ortsfeste, betriebsbereite Anlagen, die der Brandbekämpfung dienen und die sowohl manuell als auch automatisch (z. B. durch die Brandmeldeanlage) ausgelöst werden können. Je nach Anforderung können verschiedene Arten von Feuerlöschanlagen zum Einsatz kommen, z. B. Sprinkler-, Sprühwasser-, Gas-, Schaum- oder Pulver löschanlagen. Sie dienen dazu, den Brand zu löschen und die Ausbreitung zu verhindern und so die Gefahren für Nutzer und Gebäudeschäden zu reduzieren.

Eine Sprinkleranlage dient als festinstalliertes Wasserrohrnetz der Bekämpfung von Entstehungsbränden. Sprinklerköpfe sind als Teil der Anlage mit dem Wasserrohrnetz verbunden. Eine im Sprinklerkopf eingesetzte Glasampulle enthält eine Spezialflüssigkeit mit Luftblase. Die temperaturempfindliche Flüssigkeit in einer Glasampulle hat eine definierte Auslösetemperatur, die von der Größe der eingeschlossenen Luftblase abhängt. Bei einem Brand steigt die Temperatur im Raum, die Spezialflüssigkeit erwärmt sich, dehnt sich aus, die Luftblase wird komprimiert und die Glasampulle platzt. Die Düse des Sprinklers wird geöffnet, das Löschwasser strömt aus dem Wasserrohrnetz durch den Sprinkler, um den Brand zu löschen. > Abb. 26 Im Brandfall werden nur die Sprinkler ausgelöst, bei denen die jeweilige Auslösetemperatur erreicht wird; sie liegt in der Regel etwa 30 °C über der geplanten zulässigen Raumtemperatur.

Ist eine Feuerlöschanlage in einem Serverraum oder Archiv installiert, so würde eine Sprinkleranlage die Server bzw. die archivierten Güter bei einer Auslösung der Löschanlage beschädigen. Hier eignet sich eine Gaslöschanlage, um ein Löschen ohne Wasserschaden zu garantieren. Diese löscht durch das Ausströmen eines gasförmigen Löschmittels, das entweder den Sauerstoff verdrängt oder die Löschwirkung durch einen physikalisch-chemischen Prozess erzeugt.

Sprinkleranlage

Gaslöschanlage

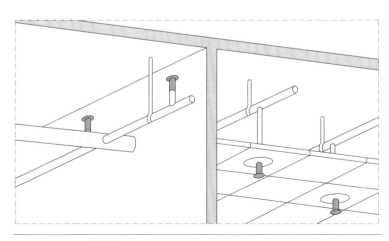

Abb. 26: Rohrnetz Sprinkleranlage

RAUCH- UND WÄRMEABZUGSANLAGEN

Um zu vermeiden, dass Gebäude oder Abschnitte komplett verrauchen und damit die Flucht und Rettung erschweren oder unmöglich machen, können Rauch- und Wärmeabzugsanlagen eingesetzt werden. Diese Anlagen steuern Fenster oder Öffnungen im Dachbereich/an den Fassaden an und öffnen diese, sodass der Rauch abziehen kann und raucharme Schichten gewährleistet werden können. Die Auslösung erfolgt durch Handtaster oder Fernauslösung. > Abb. 27

Der Rauchabzug kann dabei natürlich oder maschinell erfolgen. > Abb. 28 In Räumen bis zu 3 m Höhe kann sich aufgrund der Strömungsverhältnisse keine raucharme Schicht mit Hilfe von natürlichen Rauchabzügen einstellen. Durch die Öffnungen ziehen in diesem Fall nur die Gase ab, aber der Rauch bleibt weitgehend im Raum.

Abb. 27: Handtaster Rauchabzug

ohne Brandlüftung

mit Brandlüftung

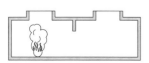 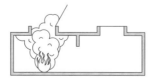 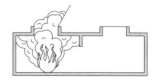

Abb. 28: Brandverlauf in einem Gebäude

Abb. 29: Entrauchungsventilator

Der Rauch kann aber durch Einsatz eines Drucklüfters, der von der Feuerwehr im Eingang der Nutzungseinheit, des verrauchten Raumes oder im Hauseingang positioniert wird, durch die Fenster und Abzugsöffnungen entfernt werden. > Abb. 44 Der maschinelle Rauchabzug erfolgt mit Hilfe von Entrauchungsventilatoren. > Abb. 29 Dafür müssen Rauchabzugsöffnungen sowie Nachströmeinrichtungen in ausreichender Größe vorhanden sein, damit Rauch, Wärme und toxische Brandgase in einer vorher festgelegten Frist ins Freie abgeführt werden können.

SICHERHEITSSTROM UND -BELEUCHTUNG

Um zu gewährleisten, dass die Brandschutzeinrichtungen und andere sicherheitsrelevante Anlagen im Gebäude dauerhaft zur Verfügung stehen, muss eine Sicherheitsstromversorgung vorhanden sein, die unabhängig vom öffentlichen Stromnetz die Stromversorgung für die notwendigen Systeme im Gebäude übernehmen kann. Dies kann durch ein Dieselaggregat, eine Batterieanlage oder eine unabhängige Stromeinspeisung sichergestellt werden. Entsprechende Elektroinstallationen für die Verteilung des Sicherheitsstroms im Gebäude müssen Brandschutzqualitäten aufweisen, um den Betrieb zu gewährleisten.

Sicherheitsstromversorgung

Liegt eine Störung der Stromversorgung vor, sichert eine Notbeleuchtung die allgemeine künstliche Beleuchtung auch bei schlechter Sicht (Dunkelheit oder Verrauchen). Die Notbeleuchtung bietet im Gefahrenfall Orientierung und hilft, die Rettungswege aufzufinden und gefahrlos zu nutzen.

Sicherheitsbeleuchtung

Abb. 30: Rettungszeichen Rettungsweg

Rettungszeichen

Diese werden durch Rettungszeichen in Form von Rettungswegpikto-grammen gekennzeichnet. > Abb. 30 Damit sie im Notfall zu sehen sind, müssen sie über eine Notbeleuchtung verfügen, die bei Stromausfall von einer Akkubatterie oder einer Sicherheitsstromversorgung betrieben wird.

Eine stromlose Alternative bieten langnachleuchtende Rettungszei-chen, die über einen kurzen Zeitraum den Weg zu einem Notausgang über gespeichertes fluoreszierendes Licht zeigen. Auf Grund ihrer einge-schränkten Wirkung sind diese aber nur in wenig komplexen Bereichen erlaubt.

KOMPENSATIONSMASSNAHMEN

Abweichung von Standards

Oft gibt es Situationen, in denen ein ausreichender Brandschutz nicht ausschließlich über bauliche Maßnahmen erreicht werden kann. Dies kann unterschiedliche Gründe haben, z. B.:

— Ein mehrgeschossiges Atrium soll offene Treppen und Aufzüge sowie Aufenthaltsbereiche erhalten und gleichzeitig als Fluchtweg dienen.
— Durch großformatige Produktionsanlagen ist eine Unterteilung einer Halle in kleinere Brandabschnitte nicht möglich.
— In einem Laborgebäude werden explosive und giftige Stoffe einge-setzt, von denen auch im Brandfall keine Gefahr für die Umwelt ausgehen darf.
— In einem Hochregallager werden in hohem Maß brennbare Stoffe gelagert.
— Eine Veranstaltungshalle soll 600 Personen aufnehmen können, denen es möglich sein muss, die Halle im Brandfall gefahrenfrei zu verlassen.
— In einem denkmalgeschützten Gebäude können bestehende Wände und Türen nicht ersetzt bzw. auf heutige Anforderungen ertüchtigt werden.

— In einem Bestandsgebäude sind die Fluchtweglängen zwischen zwei Treppenhäusern etwas länger als nach aktueller Vorschrift gefordert.

Wenn in solchen Fällen die materiellen Anforderungen an den vorbeugenden Brandschutz nicht entsprechend der gesetzlichen Vorschriften umgesetzt werden können, müssen Kompensationsmaßnahmen eingesetzt werden, damit die Schutzziele auf andere Weise erreicht werden. Das jeweilige Schutzziel beschreibt, warum etwas erreicht werden soll; daraus ableitend fordert ein Gesetz einen Standard, z. B. eine maximale Länge des Brandabschnittes von 40 Metern. Bei Einsatz von anlagentechnischen Brandschutzmaßnahmen, wie zum Beispiel einer Brandmeldeanlage oder einer flächendeckenden Sprinkleranlage, können bei Gebäuden besonderer Art und Nutzung größere Brandabschnitte zugelassen werden. Durch die Anlagentechnik kann die schlechtere Situation kompensiert werden. Eine frühzeitige automatische Erkennung von Entstehungsbränden und eine Bekämpfung über automatische Löschanlagen führen zu einer geringeren Beanspruchung der Tragkonstruktion durch Brandeinwirkung und auch zu weniger Rauchentwicklung. Die Bewältigung einer längeren Rettungswegstrecke in den nächsten sicheren Bereich wird dadurch ermöglicht.

Kompensationsmaßnahmen umfassen also in der Regel Maßnahmen, die eine frühere Information der Gefährdeten bzw. der Hilfeleistenden oder eine direkte Bekämpfung bzw. Kontrolle eines Entstehungsbrands ermöglichen. Da Abweichungen von den geforderten Standards immer im Einzelfall zu genehmigen sind, müssen Kompensationsmaßnahmen für das individuelle Gebäude geplant und mit den Behörden und der Feuerwehr abgestimmt werden. > Abb. 31 ●

Kompensation

● **Beispiel**: Nach gesetzlichen Vorgaben wird bei Bürogebäuden zur Vorbeugung gegen die Ausbreitung von Feuer und Rauch gefordert, dass die Decke als horizontaler Abschluss und Brandabschnitt in REI 30 oder REI 90 ausgeführt wird. Das schließt ein Bürogebäude als Atriumhaus zunächst aus. Um eine Atriumbauweise zu ermöglichen, muss daher eine Abweichung für den Verzicht auf durchgehende Geschossdecken beantragt werden. Zur Kompensation werden eine automatische Löschanlage, eine Brandfrüherkennung über Brandmelder und eine mechanische Entrauchung des Atriums geplant. Damit der Rauch aufgrund der offenen Verbindung nicht in die weiteren Geschosse ziehen kann, werden zusätzlich Rauchvorhänge vorgesehen, die bei Rauch die Öffnung zum Atrium abschließen. > Abb. 32 Somit werden alle Nutzer und die Feuerwehr bei einem Brandherd umgehend informiert, der Brand durch automatische Löscheinrichtungen unter Kontrolle und die Fluchtwege rauchfrei gehalten. Der Nachweis, ob die Kompensation ausreichend ist, wird oft mit ingenieurmäßigen Rechenverfahren geführt.

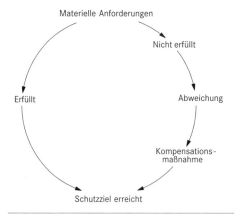

Materielle Anforderungen

Nicht erfüllt

Erfüllt

Abweichung

Kompensations-
maßnahme

Schutzziel erreicht

Abb. 31: Kompensation

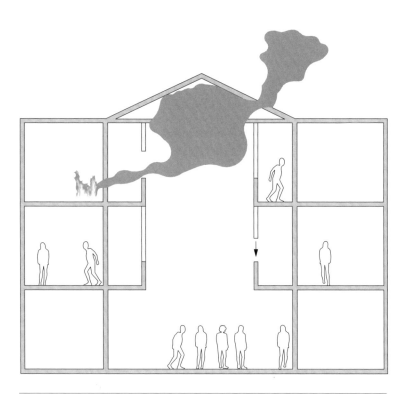

Abb. 32: Schutz einer Eingangshalle durch Rauchschürzen

Gestaltung von Rettungswegen

Wenn sich in einem Gebäude ein Brand ereignet, müssen alle Personen und auch Tiere über verlässliche Wege in Sicherheit und ins Freie gelangen können. Das Schutzziel „Rettung von Menschen und Tieren" hat erste Priorität. Für diesen Fall werden Flucht- und Rettungswege im Gebäude angeordnet, die ein selbstständiges und sicheres Verlassen des Gebäudes ermöglichen. Es handelt sich dabei um Verkehrswege (Gänge, Flure, Treppenanlagen) mit besonderen Anforderungen (Größe, Länge, Ausstattung), die einerseits das Flüchten ermöglichen (Fluchtweg) und andererseits die Rettung durch die Einsatzkräfte der Feuerwehr gewährleisten (Rettungsweg).

ART UND NUTZUNG DER GEBÄUDE

Die Ausgestaltung der Rettungswege und die an sie gestellten Anforderungen hängen von der Art und Nutzung der Gebäude ab. So ist unter anderem zu berücksichtigen, welche Brandgefährdung von der Nutzung ausgeht und wie viele Personen im Brandfall gerettet werden bzw. flüchten können müssen. Gibt es keine Gefährdung oder ist sie nur gering, werden nur wenige Anforderungen an den Brandschutz gestellt. Die Anforderungen an den Brandschutz steigen mit der Anzahl der Nutzungseinheiten, der Nutzeranzahl und der baulichen Höhe. Bei Gebäuden besonderer Art und Nutzung wie Krankenhäusern, Hochhäusern, Laborgebäuden oder Schulen werden hohe Anforderungen an den vorbeugenden Brandschutz gestellt. Bei diesen Gebäuden handelt es sich um Sonderbauten mit speziellen Anforderungen an den baulichen, anlagentechnischen und organisatorischen Brandschutz, die häufig in speziellen Richtlinien oder Verordnungen definiert werden (z. B. Industriebaurichtlinie, Muster-Versammlungsstättenverordnung).

●

Brandgefährdung

Der Einsatz von Brandschutzmaßnahmen steigt mit der Brandgefährdung. Diese wird bei Sonderbauten in die Kategorien gering, mittel und groß eingeteilt. > Tab. 10

● **Beispiel**: Im Vereinigten Königreich erfolgt die Einteilung der Gebäude in Wohnhäuser (dwelling houses, large dwelling houses bis drei Etagen, large dwelling houses über drei Etagen) und Häuser, die keine Wohnhäuser sind (Regelung über Approved Document B). Weiterhin gibt es die Gruppe der Sonderbauten, die in Risikoklassen eingeteilt werden (Regelung über British Standard 9999). Gebäude in China werden auch nach Höhe, Art des Gebäudes und Nutzung eingeteilt. Dabei werden zivile Gebäude (Wohngebäude bis 27 m, 27 m bis 54 m und größer als 54 m), öffentliche Gebäude (bis 24 m, 24 m bis 50 m, größer als 50 m) und schließlich Fabriken und Lager unterschieden. Die brandschutztechnischen Anforderungen für diese Gebäude werden in vier Klassen (I, II, III, IV) eingeteilt (Brandschutznorm GB 50016-2014).

Tab. 10: Brandgefährdung

Beispiele	gering	mittel	groß
Verwaltung, Dienstleistungen	Bürobereiche ohne Aktenlager	Bürobereiche mit Aktenlager	Theaterbühnen
Industrie	Betonwerk	Brotfabrik	Möbelherstellung
Handel, Verkauf	Verkaufsräume mit nicht-brennbaren Artikeln	Verkaufsräume mit brenn-baren Artikeln	Lager mit Lacken oder Reinigungsmitteln

Standardgebäude   Gebäude sind Standardgebäude, wenn eine geringe oder keine Brandgefährdung vorliegt und die Hochhausgrenze nicht überschritten wird; dazu zählen z. B. Wohngebäude oder Büro- und Verwaltungsgebäude. Die Hochhausgrenze liegt dort, wo es aufgrund der Höhe nicht mehr möglich ist, den zweiten Rettungsweg über Hubrettungsfahrzeuge (Drehleiterfahrzeuge) zu gewährleisten. > Abb. 33

Bereits bei der Planung muss geklärt werden, welche Rettungsgeräte der jeweiligen Feuerwehr für das konkrete Gebäude zur Verfügung stehen, um die maximalen Höhen für einen zweiten Rettungsweg über Rettungsgeräte zu klären. Andernfalls sind Alternativen zu prüfen, zum Beispiel ein zweiter baulicher Rettungsweg oder eine geeignete Außentreppe. > Abb. 47

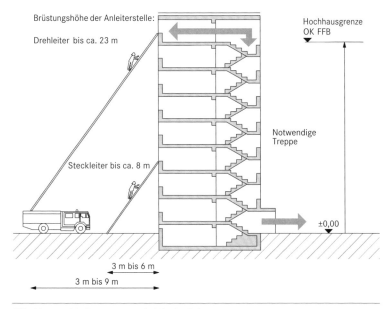

Abb. 33: 1. und 2. Rettungsweg, Anleiterbarkeit

Gebäude werden als Sonderbauten bezeichnet, wenn aufgrund ihrer Art und Nutzung üblicherweise mit einer größeren Brandgefährdung zu rechnen ist. > Tab. 11 Aus diesem Grund werden an sie besondere Anforderungen im Hinblick auf den baulichen, anlagentechnischen und organisatorischen Brandschutz gestellt. Häufig gibt es zusätzliche Rechtsvorschriften, weil die Anforderungen über denen der Standardgebäude liegen. Für Sonderbauten müssen mindestens zwei bauliche Rettungswege geplant werden, weil aufgrund der Höhe (Hochhäuser) oder aufgrund einer sehr großen Anzahl von Personen (Sportstadien, Einkaufszentren) der alternative Flucht- und Rettungsweg nur baulich möglich ist. Ziel ist es, die Flucht- und Rettungswege so zu gestalten, dass eine Selbstrettung möglich und im günstigen Fall sogar bereits abgeschlossen ist, wenn die Feuerwehr das Gebäude erreicht. Die Feuerwehr kann dann unmittelbar mit dem Löschangriff beginnen. Handelt es sich um Gebäude, in dem sich Personen aufhalten, die auf Hilfe angewiesen sind, z. B. Babys und Kleinkinder in einer Kinderkrippe, kranke oder alte Menschen in einem Krankenhaus oder Seniorenwohnheim oder Personen mit einer Einschränkung, dann müssen im Vorfeld zusätzliche organisatorische Maßnahmen geplant sein, um auch für diese Gruppen

Sonderbauten

Tab. 11: Merkmale für Sonderbauten

Merkmale für Sonderbauten:	Beispiele
Gebäude, die aufgrund der Höhe nicht angeleitert werden können	Hochhäuser
Gebäude, die von einer großen Anzahl von Personen aufgesucht werden	Stadien, Theater, Messen
Gebäude für Personen, die auf fremde Hilfe angewiesen sind	Kindertagesstätte, Krankenhaus, Pflegeheim
Personen sind Tagesbesucher ohne Gebäudekenntnis	Museum
Personen ohne Gebäudekenntnis sind zur Übernachtung im Gebäude	Pension, Herberge, Hotel
Wegen der Art und Nutzung des Gebäudes werden sehr große Nutzungseinheiten benötigt	Industriebau, Messehallen

○ die Flucht in einen sicheren Bereich bzw. ins Freie zu ermöglichen.
> Kap. Organisatorische Maßnahmen , Abb. 53–54

Aufenthaltsräume   Der Ausgangspunkt für die Berechnung der Rettungsweglänge ist der am weitesten von einem sicheren Bereich entfernte Aufenthaltsraum. Räume werden als Aufenthaltsräume bezeichnet, wenn sie zum dauerhaften Aufenthalt von Menschen geeignet und bestimmt sind. In Wohnungen sind Wohnzimmer, Küche, Esszimmer, Schlafräume typische Aufenthaltsräume. Bäder, Toiletten, Abstellräume, Flure sind keine Aufenthaltsräume; in diesen Räumen ist die Verweildauer in der Regel nur kurz. > Tab. 12

Nutzungseinheiten   Räume werden Nutzungseinheiten oder Wohneinheiten zugeordnet. Rettungswege in Gebäuden führen immer aus Nutzungs- und Wohnungseinheiten heraus. Die als Nutzungseinheiten definierten Abschnitte können

Tab. 12: Raumzuordnung

Aufenthaltsraum	Kein Aufenthaltsraum
Schlafzimmer	Abstellraum
Kinderzimmer	WC
Küche	Badezimmer
Esszimmer	Flur
Wohnzimmer	Lager
Büro	Technikraum
Werkstatt	Teeküche
Praxis	Waschraum
Seminarraum	
Laden	

○ **Hinweis**: In Krankenhäusern sind ergänzend zu zwei baulichen Rettungswegen auch Aufzüge zur Räumung und Evakuierung von Patienten in Betten einzuplanen. In den notwendigen Treppenräumen sind bei der Planung Zonen für Rollstuhlfahrer bzw. fahrbare Betten freizuhalten, die so angeordnet sind, dass sie kein Hindernis darstellen. Aus diesen sicheren Bereichen können Personen nach und nach von Mitarbeitern oder Betreuern abgeholt und ins Freie gebracht werden (Evakuierung). Aufzüge, die im Brandfall als Rettungsmittel garantiert benutzt werden können, können an diesen Stellen die mobilitätseingeschränkten Personen aufnehmen. Muss in einem Krankenhaus eine ganze Station geräumt werden, müssen die Patienten mit den Betten gesichert auf eine benachbarte Station verschoben werden können. > Kap. Arten von Rettungswegen

in ihrer Belegung sehr unterschiedlich sein (z. B. Büroflächen, Werkstätten, Läden, Wohnung) und benötigen jeweils ein Rettungswegsystem mit zwei Rettungswegen. Damit wird erreicht, dass aus jeder Nutzungseinheit, unabhängig von einer anderen, eine Flucht ins Freie oder in einen gesicherten Bereich möglich ist. Nur wenn eine Nutzungseinheit keinen Aufenthaltsraum hat, ist die Planung von nur einem Rettungsweg ausreichend.

Auch die Anzahl der Nutzungseinheiten und ihre jeweilige Größe sind entscheidend für die Gefährdungsannahme. Gibt es viele Nutzungseinheiten, werden höhere Ansprüche an den vorbeugenden Brandschutz gestellt, da die Rettungskräfte im Brandfall mehr Abschnitte sichern müssen.

> _Anzahl von Nutzungseinheiten_

Die Nutzungseinheiten müssen voneinander brandschutztechnisch mit raumabschließenden und feuerwiderstandsfähigen Bauteilen (Wände, Decken, Dächer) abgetrennt sein, damit Feuer, Rauch und Wärme nicht unmittelbar von einer Nutzungseinheit zur nächsten gelangen können.
> Kap. Verhinderung der Brandausbreitung

> _Abgeschlossenheitsprinzip_

Zwischen Nutzungseinheiten, aber auch zur Abschottung von Räumen mit erhöhter Brandgefahr gegenüber Räumen mit geringerer Brandgefahr (Labornutzung/normale Büronutzung), sind mindestens feuerhemmende Trennwände erforderlich. So wird eine Widerstandsfähigkeit gegen die Brandausbreitung über einen definierten Zeitraum erreicht, damit genug Zeit zur Verfügung steht, in einen sicheren Bereich zu fliehen. Öffnungen in diesen Wänden müssen auf ein Mindestmaß beschränkt werden und sind mit feuerhemmenden, dicht- und selbstschließenden Abschlüssen zu sichern. Der Raumabschluss kann hergestellt werden, wenn die Trennwand bis zur Rohdecke oder bis an den oberen Raumabschluss bzw. die Dachhaut geführt wird. > Abb. 34

> _Trennung von Nutzungseinheiten_

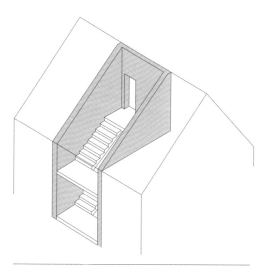

Abb. 34: Trennwand bis zur Dachhaut

ARTEN VON RETTUNGSWEGEN

Es müssen grundsätzlich zwei voneinander unabhängige Rettungswege vorhanden sein. Fällt ein Flucht- und Rettungsweg aus, steht so eine alternative Fluchtmöglichkeit zur Verfügung.

erster Rettungsweg Der erste Rettungsweg muss auf möglichst kurzem Weg in einen sicheren Bereich oder ins Freie führen und einen Ausgang unmittelbar zu ebener Erde haben. Dies gilt sowohl für ein eingeschossiges freistehendes Einfamilienhaus als auch für ein mehrstöckiges Gebäude. Der erste Rettungsweg ist ein baulicher Flucht- und Rettungsweg, der ohne fremde Hilfe begehbar ist und ein sicheres Verlassen des Gebäudes ermöglicht. Im Falle eines Brandes bietet er den Rettungskräften einen sicheren Weg, um Menschen und Tieren zu helfen, die nicht alleine fliehen können (Hilfsbedürftige), und ist anschließend ein Angriffsweg, über den die Löschmaßnahmen durchgeführt werden. So kann ein Brand aus dem Gebäudeinneren kontrolliert und möglichst auch gelöscht werden. Aus diesem Grund muss die Standsicherheit des Rettungsweges über einen definierten Zeitraum gegeben sein, damit die Rettungskräfte nicht gefährdet werden.

zweiter Rettungsweg Gebäude mit Aufenthaltsräumen müssen mit mindestens zwei voneinander unabhängigen Rettungswegen ausgestattet sein. Der zweite Rettungsweg ist entweder ein Weg über die Rettungsgeräte der Feuerwehr (tragbare Leiter, Drehleiter) oder ein zweiter baulicher Rettungsweg. > Abb. 35 Aufgrund der Komplexität des Gebäudes, der Höhe, der Anzahl der Benutzer, der Erreichbarkeit oder Bedenken wegen der Personenrettung kann ein zweiter baulicher Rettungsweg vorgeschrieben sein.

Sicherheits-
treppenraum Um auf einen zweiten Rettungsweg verzichten zu können, muss das Gebäude mit einem Sicherheitstreppenraum ausgestattet werden. Der Sicherheitstreppenraum ist ein besonderer notwendiger Treppenraum. > Kap. Notwendiger Treppenraum Er ist baulich und technisch so konzipiert, dass Feuer und Rauch nicht eindringen können, und steht damit jederzeit zur Flucht und Rettung zur Verfügung. > Abb. 46

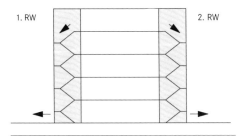

Abb. 35: Zwei bauliche Rettungswege

Ergänzend wird in hohen Gebäuden bzw. in Gebäuden mit Menschen, die sich nicht selbst über Treppen retten können (z. B. Krankenhäuser) ein Sicherheits-, Evakuierungs- oder Feuerwehraufzug angeordnet. Dieser ist ebenfalls baulich und technisch so konzipiert, dass er auch im Brandfall gefahrlos genutzt werden kann (Sicherheit und Funktionsfähigkeit im Brandfall). Er kann mit einem Sicherheitstreppenraum kombiniert werden.

Aufzüge als Rettungsmittel

ANFORDERUNGEN AN RETTUNGSWEGE

Im jedem Gebäude ist die Sicherstellung des ersten Rettungsweges aus den Geschossen ins Freie eine der wichtigsten Planungsaufgaben. Für dessen Ausgestaltung gibt es einige allgemeingültige Anforderungen:

Allgemeine Anforderungen an den ersten Rettungsweg

— Flucht- und Rettungswege müssen möglichst kurz sein und über eine ausreichende Breite verfügen.

— Mit Betreten von notwendigen Fluren oder Treppenräumen dürfen alle folgenden Türen nur in Fluchtrichtung aufschlagen. Die erste Tür aus einem Aufenthaltsraum in einen notwendigen Flur kann in beide Richtungen aufschlagen.

— Aufschlagende Türen in Fluchtwegen dürfen vorgeschriebene Fluchtwegbreiten (z. B. auf Podesten von Treppenräumen) nicht reduzieren. Die erforderliche Fluchtwegbreite muss durchgehend ohne Engpässe auf dem gesamten Fluchtweg ins Freie ausgebildet sein.

— Sie müssen zu ebenerdigen Ausgängen oder in einen sicheren Bereich führen.

— Die begrenzenden Bauteile von notwendigen Fluren und Treppenräumen sind je nach Dauer des Funktionserhalts brandschutztechnisch auszubilden.

— Rettungswege sind frei von Brandlasten und Hindernissen zu halten und gegenüber anderen Gebäudeteilen abzuschotten.

— Gibt es Schächte, Kanäle oder Öffnungen auf dem Rettungsweg, sind diese auf das Notwendige zu reduzieren und abzusichern.

Aufgrund von Lage, Nutzung und Größe des Gebäudes werden an die verschiedenen Abschnitte eines Rettungsweges unterschiedliche Anforderungen gestellt, damit alle Nutzer das Gebäude in einem Brandfall sicher und schnellstmöglich verlassen können. Diese Anforderungen werden durch Gesetze, Verordnungen, Richtlinien und technische Regeln konkretisiert. Oft gibt es weitere Vorgaben durch Investoren, Versicherungen oder den Denkmalschutz.

Weitere Festlegungen können beispielsweise in folgenden Bereichen vorliegen:

— maximale Länge von Rettungswegen (in Deutschland z. B. 35 m)
— Ausbildung von notwendigen Fluren
— Gestaltung von notwendigen Treppen

- Ausbildung von notwendigen Treppenräumen bzw. sicheren Außentreppen
- Gestaltung von Sicherheitstreppenräumen
- Gestaltung der Ausgänge ins Freie
- Umgang mit Installationen in Rettungswegen
- Größe und Anordnung von Fenstern, die als Rettungswege dienen

Länge eines Rettungsweges

Kommt es zu einem Brand, muss der Weg ins Freie in einer vorher definierten Entfernung erreichbar sein. Die unterschiedlichen Rettungsweglängen und Messmethoden sind in den Gesetzen, Verordnungen und Richtlinien der Länder geregelt. > Tab. 13 Sie sind abhängig von der Art des Gebäudes, dem Maß der Gefährdung und dem Einsatz von Anlagentechnik. > Kap. Anlagentechnische Maßnahmen

Anforderungen Einfamilienhaus

Die Anforderungen an Rettungswege steigen mit der Komplexität der Gebäude. In einem freistehenden Einfamilienhaus gibt es keine besonderen Anforderungen an den Brandschutz, weil von einer nur geringen Brandgefährdung auszugehen ist und die Bewohner ortskundig sind. Entdecken die Bewohner Feuer und Rauch oder werden sie durch einen Rauchmelder vor dem Feuer gewarnt, führt der Weg durch den normalen Hausflur oder durch den Treppenraum. Der Flur und der Treppenraum müssen keine besondere Ausstattung hinsichtlich des Brandschutzes vorweisen. Häufig befindet sich der Treppenraum innerhalb des Wohnraumes, um zwei Geschosse einer Wohneinheit zu verbinden. Anschließend führt dieser erste Rettungsweg die Bewohner durch die Haustür oder die Terrassentür unmittelbar ins Freie. Die Wege sind kurz, die Bewohner sind gut mit ihnen vertraut. Haben sie sich im Freien in Sicherheit gebracht, kann der Löscheinsatz der Feuerwehr beginnen. > Kap. Aufgaben der Feuerwehr Sind Bewohner im Haus zurückgeblieben, können diese von der Feuerwehr gerettet werden.

Tab. 13: Beispiele für zulässige Längen von Rettungswegen

Gesetz/Verordnung	erster Rettungsweg: Erreichbarkeit von mindestens einem Ausgang ins Freie oder eines notwendigen Treppenraumes	Meter (max.)
Standardgebäude (BauO NRW)	von jeder Stelle eines Aufenthaltsraumes bis zum Treppenraum oder ins Freie	35 m
Versammlungsstätten (SBauVO NRW)	von jedem Besucherplatz bis zum nächsten Ausgang aus dem Versammlungsraum	30 m
Hochhäuser (SBauVO NRW)	von jeder Stelle eines Aufenthaltsraumes sowie eines Kellergeschosses	35 m
Verkaufsstätten (SBauVO NRW)	von jeder Stelle eines Verkaufsraumes	25 m
Arbeitsstätte (Arbeitsstättenrichtlinie)	für Räume mit erhöhter Brandgefährdung ohne selbsttätige Feuerlöscheinrichtungen	25 m
BauO NRW Bauordnung Nordrhein-Westfalen	SBauVO NRW Sonderbauvorschrift Nordrhein-Westfalen	

Gibt es nur einen baulichen Rettungsweg, müssen gefährdete Bewohner in Obergeschossen durch das Fenster auf die Feuerwehrleiter gelangen können. Daher eignen sich nur Fenster mit einer ausreichenden Breite und Höhe.

Rettungsfenster als zweiter Fluchtweg

Gebäude mit vielen Nutzungseinheiten und Geschosshöhen, die über der Erreichbarkeit der tragbaren Leitern in etwa 7 m Fußbodenoberkante über Gelände liegen, sind komplexer als Einfamilienhäuser. Das bedeutet, dass im Brandfall mit einer Flucht von einer größeren Anzahl von Personen aus verschiedenen Abschnitten (Geschosse, Wohneinheiten, Nutzungseinheiten) zu rechnen ist (Bewohner, Mitarbeiter, Besucher). Bei diesen Gebäuden werden daher höhere Anforderungen an den vorbeugenden Brandschutz gestellt. Ein notwendiger Treppenraum und, je nach Anbindung und Anzahl der Nutzungseinheiten, ein notwendiger Flur sind in diesen Gebäuden verbindlich. Oftmals ist auch ein zweiter baulicher Rettungsweg obligatorisch.

Komplexe Gebäude

ABSCHNITTE VON RETTUNGSWEGEN

Rettungswege lassen sich in horizontale und vertikale Abschnitte gliedern. Der Weg führt bei einem regulären ersten Rettungsweg aus einem Aufenthaltsraum in den notwendigen Flur, weiter über einen notwendigen Treppenraum mit notwendiger Treppe und anschließend ins Freie. > Abb. 36 In komplexen Gebäuden werden die zweiten Rettungswege in gleicher Weise ausgebildet. Bei einfachen Gebäuden gibt es alternative Möglichkeiten. > Kap. Weitere zweite Rettungswege

Die Festlegung des Fluchtwegs beginnt in dem am weitesten entfernten Aufenthaltsraum und verläuft anhand eines gedachten Ganges durch den Raum zum Ausgang der Wohn- oder Nutzungseinheit. > Abb. 36 Der Gang bildet mit dem notwendigen Flur den horizontalen Teil des Rettungsweges. Liegt der Raum im Erdgeschoss, führt der Weg über den notwendigen Flur oder direkt aus dem Raum ins Freie.

Weg aus dem Aufenthaltsraum

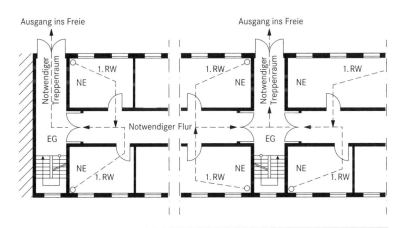

Abb. 36: Abschnitte eines Rettungsweges: von der Nutzungseinheit ins Freie

Notwendiger Flur   Ein notwendiger Flur verbindet die jeweilige Wohn- oder Nutzungseinheit mit dem notwendigen Treppenraum. Als alternative Fluchtmöglichkeit muss ein zweiter Rettungsweg zur Verfügung stehen. Horizontale
Rettungswege müssen nicht unabhängig voneinander sein und können
innerhalb des Geschosses über denselben notwendigen Flur geführt werden. > Kap. Notwendiger Flur

Vertikaler Rettungsweg   Der erste vertikale Rettungsweg verläuft über eine notwendige
Treppe. Vertikale Rettungswege erschließen die Ausgänge von Nutzungseinheiten oder von notwendigen Fluren. > Abb. 37 Für alle Nutzungseinheiten,
die nicht zu ebener Erde liegen, müssen zwei vertikale Rettungswege erreichbar sein, die unabhängig voneinander und möglichst entgegen-
gesetzt angeordnet sind. Der zweite vertikale Rettungsweg kann über die
Rettungsgeräte der Feuerwehr, eine sichere Außentreppe oder über eine
weitere notwendige Treppe gewährleistet werden. Für den Fall, dass in
einem Gebäude nur ein Rettungsweg realisierbar ist, gibt es die Möglichkeit, den vertikalen Rettungsweg über einen Sicherheitstreppenraum zu
führen. > Kap. notwendiger Treppenraum

Ausgang ins Freie   Am Ende des notwendigen Treppenraumes führt in der Regel eine
Ausgangstür direkt ins Freie. Ist der Treppenraum noch vom Außenbe-
reich entfernt, muss der Rettungsweg über einen Gang, der die gleichen
Brandschutzanforderungen wie der Treppenraum erfüllt, fortgesetzt und
schließlich ins Freie geführt werden. Von dort sollte ein Zugang zu einer
öffentlichen Fläche vorhanden sein, wo Geflüchtete versorgt und weiter
in Sicherheit gebracht werden können.

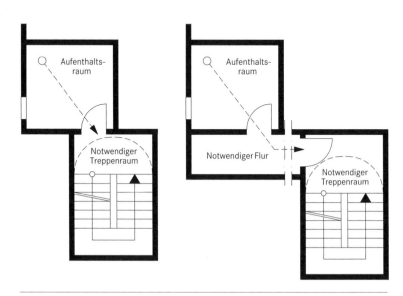

**Abb. 37: Möglichkeiten des Zugangs zu einem notwendigen Treppenraum
(vertikaler Rettungsweg)**

NOTWENDIGE FLURE

Notwendige Flure dienen verschiedenen Nutzungseinheiten oder Wohneinheiten als Flucht- und Rettungsweg und müssen somit erhöhte Anforderungen hinsichtlich der Brand- und Rauchfreiheit erfüllen.

Damit im Brandfall eine sichere Flucht über den notwendigen Flur möglich ist, wird die Mindestbreite von Rettungswegen nach der höchstmöglichen Anzahl der Personen geplant, die im Bedarfsfall den Fluchtweg benutzen müssen. Für die Berechnung ist dabei die Größe der Nutzungseinheiten entscheidend.

Breite eines notwendigen Flures

●

Die errechnete Fluchtwegbreite ist bei der Planung der notwendigen Flure und des weiteren Rettungswegsystems zu berücksichtigen. In der Regel sollte ein notwendiger Flur bei Wohn- oder Bürobauten eine Breite von 1 m, in öffentlichen Gebäuden von 1,20–1,50 m im lichten Maß nicht unterschreiten. Oft müssen notwendige Flure jedoch deutlich breiter als das notwendige lichte Maß geplant werden, wenn z. B. Türen in den Flur aufschlagen oder Zwischentüren durch Rahmenstärken das lichte Maß reduzieren. > Abb. 38

○

● **Beispiel**: Sind an einem notwendigen Flur zum Beispiel 5 Nutzungseinheiten mit durchschnittlich 20 Personen angeschlossen, muss der Flur so breit sein, dass 100 Personen sicher flüchten können. Liegen an einem notwendigen Flur 5 Wohneinheiten mit maximal 4 Personen, so muss der Flur lediglich eine lichte Breite haben, die 20 Personen eine sichere Flucht gewährleistet. In Sonderbauten muss häufig mit einer sehr großen Anzahl von Personen gerechnet werden, wie in einem Theater mit 1000 Sitzplätzen, einem Stadion mit 20.000 Sitzplätzen.

○ **Hinweis**: In Deutschland ist die Breite der Fluchtwege von Arbeitsstätten in den „Technischen Regeln für Arbeitsstätten, Fluchtwege und Notausgänge, Flucht- und Rettungsplan" festgelegt. > Tab. 14

Tab. 14: Breite der Fluchtwege von Arbeitsstätten (ASR A2.3)

Anzahl der Personen (Einzugsgebiet)	Lichte Breite (in m)
bis 5	0,875
bis 20	1,00
bis 200	1,20
bis 300	1,80
bis 400	2,40

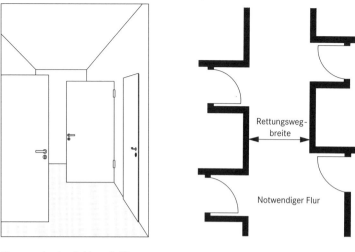

Einengung durch aufschlagende Türen

Keine Einengung durch Anordnung der Türen in Nischen

Abb. 38: Rettungswegbreite im notwendigen Flur

Rauchabschnitt

Längere notwendige Flure müssen nach maximal 30 m mit Rauchschutzabschlüssen in Rauchabschnitte unterteilt werden. Kommt es durch ein Brandereignis dazu, dass ein Teil des notwendigen Flures verraucht, können sich Flüchtende nach spätestens 30 m in einen sicheren Bereich retten. > Abb. 16

Die geforderten Abschlüsse, die den Rauchabschnitt bilden, müssen in ihrer Ausführung so beschaffen sein, dass sie rauchdicht und selbstschließend sind, um den Rauchdurchtritt in den anschließenden Bereich für eine bestimmte Zeit (ca. 10 Minuten) zu verhindern. Damit alle Abschnitte des Rettungsweges zu jeder Zeit zur Verfügung stehen, dürfen Rauchschutztüren nicht abschließbar sein. > Kap. Rauchschottung

Anforderung an begrenzende Bauteile

Die Wände von notwendigen Fluren sind als raumabschließende Bauteile mindestens „feuerhemmend" auszuführen, die Baustoffe für Putze, Dämmungen, Verkleidungen etc. müssen „nichtbrennbar" sein. Der geforderte Feuerwiderstand ergibt sich aus der notwendigen Dauer des

○ **Hinweis:** Häufig kommt es zu einem Verrauchen, weil Türen von Wohneinheiten, die in Brand geraten sind, auf der Flucht nicht geschlossen werden oder weil selbstschließende Türen unzulässigerweise über Keile oder Ähnliches offengehalten werden.

Funktionserhalts als Flucht- und Rettungsweg sowie ggf. als Angriffsweg der Feuerwehr. Ein notwendiger Flur sollte keine zusätzliche Möblierung oder technische Ausstattung erhalten, um zusätzliche Brandlasten zu verhindern. Weiterhin sollten Stolperfallen vermieden werden, sodass ein Höhenversprung im notwendigen Flur nicht weniger als drei Stufen haben darf. Türen, die auf diesen Teil des horizontalen Rettungsweges führen, müssen so aufschlagen, dass sie die lichte Breite des notwendigen Flures nicht einschränken oder gar zu Hindernissen für Flüchtende werden. > Abb. 39 Die Türen und sonstigen Öffnungen sollten rauchdicht und selbstschließend sein. Bei Wohneinheiten kann es im Einzelfall ausreichen, dichtschließende Türen zu wählen.

Weitere Öffnungen in notwendigen Fluren sollten auf das Notwendige beschränkt werden. Innenliegende Fenster als nicht öffenbare Oberlichter sollten oberhalb der Köpfe eventuell Flüchtender angeordnet werden (> 1,80 m). Das Glas muss mindestens einen Widerstand gegen Feuer und Brandgas bieten. > Abb. 40 Sind Verglasungen ohne Brüstung oder mit einer niedrigen Brüstungshöhe geplant, sodass sie sich auf der Höhe des Fluchtbereiches befinden, dann müssen sie durch klassifizierte Feuerschutzverglasung Wärmestrahlung in Richtung des notwendigen Flures verhindern können. > Abb. 41

Verglasung im notwendigen Flur

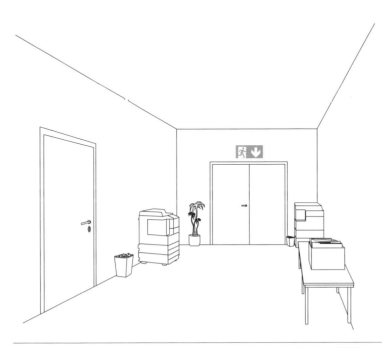

Abb. 39: Stolperfallen und Brandlasten im notwendigen Flur durch die vorhandene Möblierung

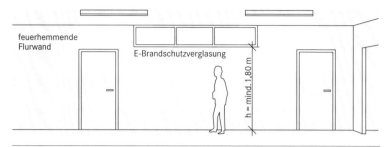

Abb. 40: Notwendiger Flur mit E-Verglasung

Abb. 41: Notwendiger Flur mit EI-Verglasung

Technische Installationen
Ist es unabdingbar, Leitungen oder Kabeltrassen über einen notwendigen Flur zu führen, stellen diese Brandlasten dar und müssen mit klassifizierten Bauteilen gesichert werden. Dazu eignen sich Kabel- und Leitungsschotts wie auch Brandschutzklappen. > Kap. Verhinderung der Brandausbreitung

Gefangene Räume
Im Bereich der horizontalen Rettungswege sind gefangene Räume als Sonderfall zu bewerten. Bei Aufenthaltsräumen, die hinter oder neben einem anderen Raum liegen und nur durch diesen betreten und auch verlassen werden können, sind zusätzliche Maßnahmen zur Sicherung des Rettungsweges notwendig. Der gefangene Raum kann durch einen zweiten Ausgang einen Zugang zu einem ersten Rettungsweg oder eine Sichtverbindung zum vorgelagerten Raum erhalten. So kann in einem solchen Raum eine Gefahr erkannt und Personen in dem gefangenen Raum können gewarnt werden. Alternativ kann der gefangene Raum mit einer Hupe oder Sirene zur Alarmierung durch eine Brandmeldeanlage ausgestattet sein. > Abb. 42 und Kap. Warnanlagen

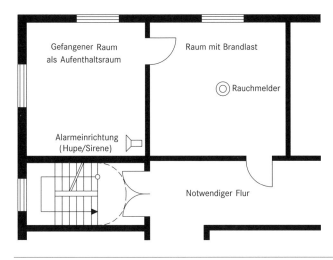

Abb. 42: Gefangener Raum mit Anschluss an eine Brandmeldeanlage (BMA)

NOTWENDIGER TREPPENRAUM

Wie beim notwendigen Flur werden auch an den notwendigen Treppenraum und die notwendige Treppe Anforderungen gestellt. Ein Treppenraum ist ein sicherer Bereich als Teil eines Rettungsweges und muss Feuer, Rauch und Wärme so lange standhalten, dass die Flucht der Personen und Tiere aus dem Gebäude lange genug möglich ist und Rettungsmaßnahmen der Feuerwehr durch den vertikalen Rettungsweg vorgenommen werden können.

Um ein zügiges Flüchten zu ermöglichen, muss der notwendige Treppenraum durchgehend sein und sollte in den Geschossen nicht an unterschiedlichen Stellen weitergeführt werden. Die Breite ist an die zu erwartende Personenanzahl anzupassen, wobei Flüchtende aus mehreren notwendigen Fluren zu berücksichtigen sind, sodass Treppen ggf. breiter ausgeführt werden müssen.

Treppengeometrie

∎

> ∎ **Tipp:** Eine notwendige Treppe sollte eine Mindestbreite von 1 m besitzen, um eine gefahrlose Flucht zu ermöglichen. Innerhalb einer Wohneinheit kann dies auf 0,80 m reduziert werden. In Sonderbauten sollte die lichte Breite 1,20 bis 1,50 m nicht unterschreiten, um ggf. mehreren Personen nebeneinander Platz zu bieten.

Bei der Bemessung von Treppenabsätzen darf sich die lichte Breite der Bewegungsflächen der vertikal Flüchtenden mit den Türaufschlägen aus notwendigen Fluren nicht überschneiden. Auch auf dem obersten Podest darf der Antritt nicht unmittelbar hinter einer Tür beginnen, um Sturzgefahr auszuschließen. Handläufe sind fest und griffsicher anzuordnen; bei größeren Laufbreiten oder öffentlichen Gebäuden sind sie beidseitig anzubringen, wobei die Handläufe die lichte Fluchtwegbreite eingrenzen.

Ein notwendiger Treppenraum wird aus raumabschließenden, mindestens feuerhemmenden Bauteilen gebildet. Die Feuerwiderstandsklasse der umfassenden Bauteile richtet sich nach der Größe und Nutzung des Gebäudes und der Anzahl der Nutzungseinheiten. Dies gilt auch für die Baustoffe, die aus mindestens nichtbrennbaren Baustoffen bestehen müssen. Gibt es Öffnungen im Bereich des Treppenraumes, müssen sie dicht- und selbstschließend verschlossen werden.

Damit Flüchtende den Ausgang sicher erreichen können, müssen notwendige Treppenräume natürlich oder künstlich belichtet sein. Je nach Höhe des Gebäudes oder bei Sonderbauten kann eine Sicherheitsbeleuchtung vorgeschrieben werden.

Damit Rauch aus einer Nutzungseinheit nicht in den vertikalen Rettungsweg dringen kann, sollten der Nutzungseinheiten selbstschließende Ausgänge haben, wenn dem notwendigen Treppenraum kein Vorraum oder notwendiger Flur vorgelagert ist. Zusätzlich darf eventuell eingedrungener Rauch die Flüchtenden nicht behindern. Liegt der Treppenraum an einer Außenwand, kann der Rauch über geeignete öffenbare Fenster in den oberirdischen Geschossen abgeführt werden, wenn Luft durch eine Öffnung im Erdgeschoss (z. B. durch den Ausgang ins Freie) nachströmt. > Abb. 43 Dies kann auch mechanisch durch die Feuerwehr mit einem Druckbelüfter unterstützt werden. > Abb. 44

Ist eine außenliegende Belüftung über Fenster nicht möglich (Festverglasung oder innenliegender Treppenraum), muss an der obersten Stelle des Treppenraumes eine Öffnung zur Rauchableitung mit Bedienung

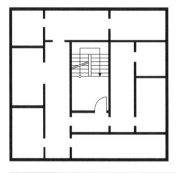 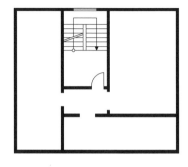

Abb. 43: Lage des Treppenraumes

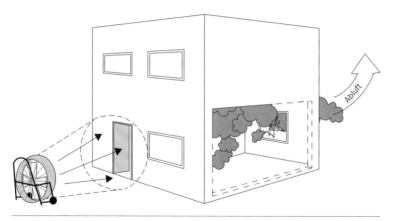

Abb. 44: Druckbelüfter vor Eingangstür

im Erdgeschoss und im obersten Geschoss vorgesehen werden. > Abb. 45
Eventuell ist auch der Einbau einer automatischen Rauchabzugsanlage
notwendig. > Kap. Rauch- und Wärmeabzugsanlagen

Besondere Treppenräume sind Sicherheitstreppenräume. Sie sind
so konzipiert, dass Feuer und Rauch gar nicht eindringen können, und
dadurch dauerhaft rauchfrei. Sicherheitstreppenräume können baulich
oder durch Anlagentechnik hergestellt werden. > Abb. 46 Bei einem baulichen Sicherheitstreppenraum führt der Weg aus dem notwendigen Flur

Sicherheits-
treppenräume

Abb. 45: Rauchableitung im Treppenraum

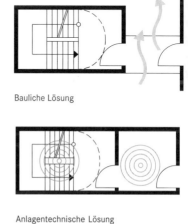

Bauliche Lösung

Anlagentechnische Lösung

Abb. 46: Sicherheitstreppenraum

hinaus in einen offenen Gang, der im freien Windstrom angeordnet ist, damit Brandrauch weggeweht werden kann und nicht in den Treppenraum eindringt. Der Gang verbindet das Gebäude mit dem baulich abgesetzten Sicherheitstreppenraum.

Alternativ kann der Zugang zu einem Sicherheitstreppenraum durch eine Sicherheitsschleuse erfolgen. Durch eine Rauch-Spülanlage mit geregelter Druckhaltung/Rauchdruckanlage (RDA) wird im Treppenraum Überdruck erzeugt, der verhindert, dass Rauch eindringen kann. Häufig wird eine vorgeschaltete Sicherheitsschleuse gefordert, die als Vorraum zum Sicherheitstreppenraum zusätzlich ein Eindringen von Rauch verhindern soll.

Notwendige Treppen ohne notwendigen Treppenraum

Nicht alle notwendigen Treppen liegen in einem notwendigen Treppenraum. Der Verzicht auf die Einhausung der notwendigen Treppe ist bei niedrigen Wohngebäuden mit geringer Brandgefährdung oder als interne Verbindung innerhalb einer Nutzungseinheit, die sich über zwei Geschosse erstreckt, möglich. So lassen sich offene Treppen als Flucht- und Rettungsweg nutzen.

Außentreppe

Eine Außentreppe ist ebenfalls ohne notwendigen Treppenraum zulässig, wenn sie so verkehrssicher ist, dass der Rettungsweg im Brandfall nicht gefährdet ist. Dazu muss die Außentreppe an einer Stelle der Außenwand angebracht werden, an der sie nicht an Fenstern vorbeiführt. Ist sie nur vor Fenstern möglich, sind diese entsprechend mit Brandschutzverglasung zu sichern. > Abb. 47

Abb. 47: Außentreppe

WEITERE ZWEITE RETTUNGSWEGE

Ist der zweite Rettungsweg nicht als baulicher Rettungsweg gefordert, gibt es zusätzliche Möglichkeiten, ihn nachzuweisen. Bei Nutzungseinheiten im Erdgeschoss führt der Weg ins Freie beispielsweise aus der Nutzungseinheit zu einem Ausgang durch eine weitere Tür (Terrassentür oder Hintertür) oder zu einem Ausstieg durch ein Fenster im Erdgeschoss. In oberen Geschossen können anleiterbare Fenster oder Balkone genutzt werden, an denen die Rettungsgeräte der Feuerwehr angestellt werden. > Abb. 48

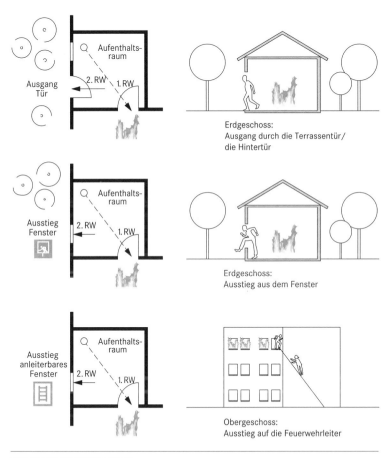

Erdgeschoss:
Ausgang durch die Terrassentür/
die Hintertür

Erdgeschoss:
Ausstieg aus dem Fenster

Obergeschoss:
Ausstieg auf die Feuerwehrleiter

Abb. 48: Zweiter Rettungsweg

Zweiter Rettungsweg
Kellergeschoss

Im Kellergeschoss können zweite Rettungswege ebenfalls über ausreichend große Fenster in begehbaren Kellerlichtschächten oder über Kelleraußentreppen hergestellt werden. Bei Fenstern ist auf eine geringe Brüstungshöhe und eine ausreichende Lichtschachtgröße zu achten. > Abb. 49

Zweiter Rettungsweg
Dachgeschoss

Ein Aufenthaltsraum im Dachgeschoss kann ebenfalls über ein Fenster in ausreichender Größe und Erreichbarkeit verlassen werden. Die Entfernung von einem Dachfenster bis zur Traufe darf nur so groß sein, dass bei angelegter Rettungsleiter ein Übersteigen auf die Leiter noch möglich ist. > Abb. 50 Alternativ kann ein Fluchtfenster mit vorgelagertem Austritt angeordnet werden, sodass Personen ausreichend nah an die Traufkante gelangen können.

Gibt es in einem Kellergeschoss oder Dachgeschoss keinen Aufenthaltsraum, aber zum Beispiel einen Abstellraum, muss nur ein Rettungsweg zur Verfügung stehen.

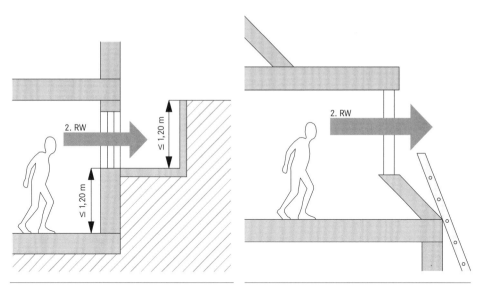

Abb. 49: Zweiter Rettungsweg aus dem Kellergeschoss   Abb. 50: Zweiter Rettungsweg aus dem Dachgeschoss

Organisatorische Maßnahmen

Organisatorische Maßnahmen komplettieren die baulichen und anlagentechnischen Maßnahmen des vorbeugenden Brandschutzes.

BRANDVERMEIDUNG

Viele Brände entstehen durch Elektrizität und Unachtsamkeit beim Umgang mit Feuer und gefährlichen Stoffen oder bei Trenn- und Schleifarbeiten. Daher sind Vorsicht und umsichtiges Verhalten für die Brandvermeidung essenziell. In Betrieben müssen Mitarbeiter über Gefahren aufgeklärt werden, die z. B. beim Schweißen oder im Umgang mit chemischen Substanzen auftreten können. Weiterhin müssen Sicherungskästen, Steckdosen und elektrische Geräte regelmäßig kontrolliert werden, weil sie bei Defekt überhitzen und so zu einem Brand führen können.
> Tab. 15

Tab. 15: Beispiele für die Brandvermeidung

Brandvermeidung:

Arbeiten

- Offenes Feuer nicht unbeaufsichtigt lassen
- Fettbrände nicht mit Wasser löschen
- In der Nähe von offenem Feuer keine feuergefährlichen Stoffe verwenden und Sicherheitsabstände zu brennbaren Stoffen einhalten
- Asche in geschlossene, nichtbrennbare Behältnisse entleeren
- Feuerstätten und Rauchabzugsanlagen nach Vorschrift betreiben und warten
- Bei Trenn- und Schleifarbeiten Sicherheitsabstand absichern, weil glühende Teile oft weit fliegen
- Bei Löt- und Schweißarbeiten Sicherheitsabstand zu brennbaren Stoffen einhalten
- Öl-, benzin-, oder spiritusgetränkte Lappen in nichtbrennbaren Behältern geschlossen aufbewahren

Elektrizität

- Nur fachgerecht geprüfte Elektrogeräte einsetzen
- Bei Heizstrahlern, Leuchten und anderen Wärmegeräten ausreichenden Sicherheitsabstand zu brennbaren Stoffen einhalten
- Elektrische Geräte nach Gebrauch ausschalten
- Elektroinstallationen und -reparaturen von Fachleuten durchführen lassen
- Beim Bohren oder Nageln auf Leitungen unter Putz achten

Flucht- und Rettungswege

- Kein Versperren der Flucht- und Rettungswege und Notausgänge
- Keine Brandlasten in Flucht- und Rettungswegen
- Kein Verkeilen von Rauchschutz- und Brandschutztüren
- Keine Gegenstände unterhalb von Brand- und Rauchschutztoren oder Brand- und Rauchschutzvorhängen abstellen, die das zuverlässige Schließen verhindern

ORGANISATORISCHE UND BETRIEBLICHE UMSETZUNG

Für den Fall, dass sich in einem Gebäude ein Brand ereignet, müssen die Nutzer des Gebäudes Fluchtwege und Selbsthilfeanlagen erkennen, auffinden und benutzen können. Deren Kennzeichnung muss im Brandfall sichtbar sein. Wird das Gebäude von vielen Personen genutzt, die keine Ortskenntnis haben oder mobilitätseingeschränkt sind, müssen Rettungszeichen in einer größeren Dichte angeordnet werden, um Umwege zu vermeiden (Sicherheitsleitsystem). > Kap. Sicherheitsstrom und -beleuchtung/Rettungszeichen

Feuerwehrpläne   Für Sonderbauten sind in der Regel Feuerwehrpläne erforderlich. Sie bestehen aus einem textlichen Teil und Geschossplänen und geben dem Einsatztrupp der Feuerwehr einen Überblick über das Gebäude oder die Gebäudeteile. In Abstimmung mit der Brandschutzdienststelle oder der zuständigen Feuerwehr werden die Inhalte festgelegt, die für die Einsatztaktik relevant sind, z. B. Zugang, Brandabschnitte, Anlagentechnik, Aufstellflächen. Ein Satz der Feuerwehrpläne wird an die zuständige Feuerwehr übergeben, einer bleibt im Gebäude (zum Beispiel beim Pförtner oder in der Brandmeldezentrale). Es ist wichtig, dass die Feuerwehrpläne z. B. nach Umbauten immer auf aktuellem Stand sind.

Feuerwehrlaufkarten   Gebäude, die mit einer Brandmeldeanlage ausgestattet sind, benötigen Feuerwehrlaufkarten. Diese speziellen Pläne informieren und bieten Orientierung, in welchem Teil des Gebäudes und in welcher Etage die automatischen Melder der Brandmeldeanlage ausgelöst wurden.

Begehung und Wartung   Weiterhin ist dafür Sorge zu tragen, dass die Flucht- und Rettungswege sowie die Löschgeräte vor Ort jederzeit benutzbar sind. In Betrieben und größeren Einheiten sind durch den Betreiber Brandschutzbeauftragte zu stellen und zu schulen, die diese Aufgaben übernehmen, damit u. a. Löschgeräte regelmäßig gewartet bzw. auf ihre Funktionsfähigkeit geprüft und Rettungswege im Betrieb nicht versperrt werden. Dies wird in größeren Betrieben durch regelmäßige Kontrollen der Feuerwehr überprüft. > Abb. 51

Der Umfang dieser Maßnahmen in Sonderbauten richtet sich nach der Gefährdungsbeurteilung z. B. der Arbeitsstätte, Betriebsstätte oder Sportstätte, der Anzahl der Mitarbeiter und der Anzahl der Personen, die sich als Gäste, Kunden oder Besucher im Gebäude aufhalten.

> ○ **Hinweis**: Der Brandschutzbeauftragte ist für die Umsetzung, Überwachung und Anpassung des organisatorischen Brandschutzes in einem Betrieb oder einer Einrichtung zuständig und wird durch Brandschutzhelfer unterstützt. Brandschutzhelfer werden in Theorie und Praxis für ihre Aufgabe geschult. Dazu gehört, den Umgang mit den verschiedenen Löschmitteln zu erlernen, damit sie im Brandfall zur Erstbekämpfung von Entstehungsbränden eingesetzt werden können.

Abb. 51: Hindernisse im Rettungsweg

In Arbeitsstätten müssen neben den gesetzlichen Baustandards be- Arbeitsstätten
triebliche Maßnahmen ergriffen werden, um die Sicherheit der Mitarbeiter zu gewährleisten. Die Mitarbeiter werden geschult, um geregelte Vorgehensweisen im Brandfall zu beherrschen. Das Verhüten von Bränden und das Verhalten im Brandfall werden in einer Brandschutzordnung geregelt, die Teil des organisatorischen Brandschutzes ist. Ein Teil der Brandschutzordnung wird öffentlich ausgehängt, damit den Beschäftigten und anderen Personen, die sich im Gebäude aufhalten (z. B. Gäste, Handwerker, Kunden) jederzeit eine Anleitung zum richtigen Verhalten im Fall eines Brandes zur Verfügung steht. > Abb. 52

Vorgaben zum Verhalten im Brandfall können sein: Verhalten im Brandfall
— Ruhe bewahren
— Brand über Handfeuermelder melden
— zuständige Feuerwehr informieren, Alarmierungsschema anwenden:
    — Wo?
    — Was?
    — Wie viele Verletzte?
    — Welche Verletzung?
— Warten auf Rückfragen
— Personen im Gebäude informieren
— Aufzüge nicht benutzen
— Löschversuche unternehmen
— auf Eigensicherheit achten
— auf weitere Anweisungen achten
— Flucht- und Rettungswegbeschilderung zum Notausgang folgen
— auf Sammelplatz einfinden
— Lagebericht an Feuerwehr

Brände verhüten

Keine offene Flamme; Feuer, offene Zündquelle und Rauchen verboten

Verhalten im Brandfall

Ruhe bewahren

Brand melden — Handfeuermelder betätigen

Notruf 112
(Objektspezifische Notrufnummer eintragen)

In Sicherheit bringen — Gefährdete Personen warnen/ Hausalarm betätigen

Hilflose mitnehmen

Türen schließen

Gekennzeichneten Fluchtwegen folgen

Aufzug nicht benutzen

Sammelstelle aufsuchen

Auf Anweisungen achten

Löschversuch unternehmen — Feuerlöscher benutzen

Löschschlauch benutzen

Brandschutzordnung nach DIN 14096 / Erstellungsdatum: 01.02.2019 / Objekt: Muster

Abb. 52: Beispiel Brandschutzordnung Teil A nach
○ DIN 14096

Mobilitäts-
eingeschränkte
Menschen

Bei besonderen Nutzungen wie Krankenhäusern, Seniorenwohnhei-
men oder öffentlichen Gebäuden sind auch die Belange von mobilitätseingeschränkten bzw. kranken Menschen im Brandfall zu berücksichtigen.
Hierbei werden innerbetrieblich Helfer geschult, die diesen Personen bei
der Flucht helfen können. Besondere Hilfsmittel wie Evakuierungsstühle
oder Evakuierungsmatratzen werden dafür vorgehalten. > Abb. 53, 54

○ **Hinweis**: In Deutschland wird eine Brandschutzordnung nach DIN 14096 verfasst. Sie umfasst die Teile A,
B und C. Teil A ist als Hinweisschild für alle Mitarbeiter
und Besucher öffentlich ausgehängt und enthält die
üblichen Verhaltensregeln für den Brandfall. In Teil B
wird die Benutzung der Selbsthilfeeinrichtungen des
Gebäudes erläutert. Dieser Teil ist den Mitarbeitern zur
Verfügung zu stellen und enthält genaue Hinweise zur
Brandverhütung und zum Verhalten im Brandfall. Mitarbeiter, die in einem Brandfall besondere Aufgaben
erfüllen müssen, also Brandschutzbeauftragte, Brand-
schutzhelfer und Sicherheitsbeauftragte, erhalten
Anweisungen, die in Teil C geregelt sind.

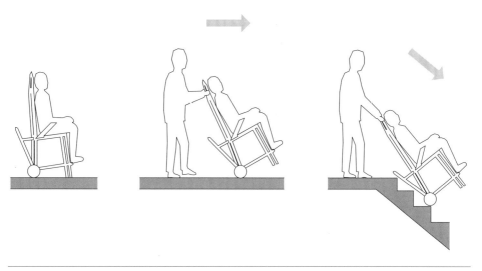

Abb. 53: Einsatz eines Rettungs-/Evakuierungsstuhls

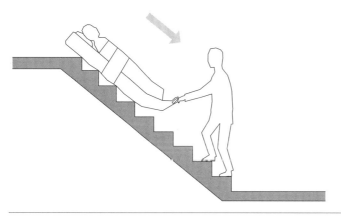

Abb. 54: Rettungs-/Evakuierungsmatratze

Maßnahmen des abwehrenden Brandschutzes

Wenn es brennt, wird die Feuerwehr alarmiert, um Hilfe zu leisten. Dies kann durch einen Notruf erfolgen oder durch die Auslösung einer Brandmeldeanlage, die bei der Feuerwehr aufgeschaltet ist. Zuerst rettet die Feuerwehr Menschen und Tiere, die nicht mehr selbstständig aus der Gefahrenzone entkommen können. Im Anschluss daran beginnen die Löscharbeiten und die Sicherung des Brandumfeldes, wie beispielsweise das Kühlen der Nachbargebäude, um Entzündung zu verhindern. Diese aktiven (Löschen, Retten) und passiven (Brandverhütung) Maßnahmen werden als abwehrender Brandschutz bezeichnet.

AUFGABEN DER FEUERWEHR

Zu den Hauptaufgaben der Feuerwehr zählen:

— Schützen
— Retten
— Löschen
— Bergen

Schützen   Die Aufgabe „Schützen" reicht von Hilfeleistungen bei öffentlichen Notständen (z. B. Waldbrand) bis zur Abwehr von Gefahren für die Umwelt (z. B. Schadstoffmessungen, Sicherung von umweltgefährdenden, z. B. fluorhaltigen oder halogenhaltigen Löschmitteln). Weiterhin kontrolliert die Feuerwehr Löscheinrichtungen und stellt Feuersicherheitswachen bei öffentlichen Veranstaltungen oder Aufführungen.

Retten   Wenn ein Schaden für Menschen oder Tiere droht, ist die Feuerwehr für die technischen Rettungsmaßnahmen zuständig. Dazu zählt das Anleitern mit einer tragbaren Leiter oder einer Drehleiter an ein Gebäude, um so den zweiten Rettungsweg herzustellen, aber auch das Retten aus anderen gefährlichen Situationen (Rettung aus einem verunfallten Fahrzeug, Höhenrettung, Wasserrettung, Rettung bei Eisunfällen).

Löschen   Sind bei einem Brand die Rettungsmaßnahmen abgeschlossen, werden die Löschmaßnahmen von der Feuerwehr eingeleitet. Der Brand wird durch die abgestimmten Löschmaßnahmen kontrolliert und schließlich gelöscht. Falls die Gefahr eines Wiederaufflammens besteht, stellt die Feuerwehr eine Brandwache, die das Geschehen beobachtet und die Einsatzzentrale der Feuerwehr informiert, falls das Feuer wieder ausbricht und weitere Maßnahmen einleitet werden müssen.

Bergen   Das Bergen durch die Feuerwehr umfasst die Rettung von Menschen oder Tieren, die sich in einer Gefahrensituation (Naturkatastrophen,

Brände, Unfälle) befinden oder die das Ereignis nicht überlebt haben. Weiterhin gehört zu dieser Aufgabe die Entfernung gefährdeter Sachgegenstände aus dem Gefahrenbereich. Anschließend ist die Feuerwehr dafür zuständig, dass Gegenstände und ggf. Beweise sichergestellt werden und die Gefahrenstelle geräumt wird.

Für die Durchführung der vielfältigen Aufgaben der Feuerwehr werden Hilfsfrist, Funktionsstärke und Erreichungsgrad als Schutzziele definiert.

Die Zeit von der Brandmeldung bis zum Eintreffen der Feuerwehr am Einsatzort wird als Hilfsfrist bezeichnet. Je schneller die Feuerwehr diesen Erstangriff durchführen kann, desto eher besteht die Möglichkeit, die Ausbreitung des Feuers zu verhindern. Die Vorgaben für die Hilfsfrist sind in den Ländern unterschiedlich geregelt, was an den unterschiedlichen Siedlungsdichten und verschiedenen Gefahrenpotenzialen liegt. Wird eine kurze Hilfsfrist von etwa acht Minuten verlangt, muss ein dichtes Netz von Feuerwachen mit entsprechender Personalausstattung vorhanden und verfügbar sein. Die Länge der Hilfsfrist hat wiederum Konsequenzen für die baulichen Anforderungen, denn je länger der Zeitraum bis zum Eintreffen der Feuerwehr ist, desto länger muss auch das Gebäude einem Brand standhalten und die Selbstrettung möglich sein. *(Hilfsfrist)*

Bevor die Feuerwehr zu einem Schadenfeuer ausrückt, wird für jedes Ereignis festgelegt, mit welcher Mannschaftsgröße (mit wie vielen Einheiten) und mit welchen Einsatzmitteln sie zum Einsatz fährt. *(Funktionsstärke)*

Ein Kontrollmittel für die Einhaltung der Hilfsfrist und Funktionsstärke ist der Erreichungsgrad. Er wird im Vorfeld festgelegt (z. B. 90 Prozent) und soll mit den bereitgestellten Mitteln erreicht werden. Aufgrund von Witterungsbedingungen, Paralleleinsätzen oder sonstigen nicht vorhersehbaren Ereignissen kann es passieren, dass diese Vorgabe nicht erreicht wird und der Erreichungsgrad zum Beispiel auf 75 Prozent fällt. *(Erreichungsgrad)*

Abb. 55: Ablaufdiagramm eines Feuerwehreinsatzes

Dann sind Maßnahmen zu ergreifen, die die Leistungsfähigkeit steigern (Personalaufstockung, Ausbildung, zusätzliche Fahrzeuge und Geräte), damit die aufgestellten Schutzziele der jeweiligen Gemeinde erfüllt werden können.

Die Aufgaben des abwehrenden Brandschutzes können von verschiedenen Feuerwehren ausgeführt werden. Das hängt zum einen von den Regelungen der Länder ab, zum anderen von der Größe der Gemeinden und von den Gefahrenpotenzialen. Zunächst ist die öffentliche Feuerwehr, die je nach Größe der Gemeinde als Berufsfeuerwehr oder freiwillige Feuerwehr organisiert ist, für den Schutz der Bevölkerung zuständig. Größere Unternehmen, die auf ihrem Betriebsgelände mit Gefahrgütern handeln oder diese zur Produktion benötigen, beschäftigen häufig eine Werk- oder Betriebsfeuerwehr. Dies kann auf freiwilliger Basis geschehen oder als Auflage der Gemeinde oder Versicherungen. Die Werks- oder Betriebsfeuerwehrleute großer Chemieunternehmen oder Raffineriebetriebe werden im Hinblick auf dort vorhandene Gefahren besonders ausgebildet und verfügen häufig über spezielle Geräte oder Materialien zur Brandbekämpfung. So wird es möglich, die Eingreifzeit wesentlich zu verkürzen und damit größere Schäden zu vermeiden. Dies wiederum hilft im Schadensfall, die Ausfallzeiten von Produktionen zu minimieren. Auch große Flughäfen haben eine eigene Feuerwehr. Diese ist mit Spezialfahrzeugen ausgestattet, die bei jedem Start und jeder Landung einsatzbereit sein müssen. In der Regel sind die Hilfsfristen an Flughäfen auf drei Minuten angesetzt. > Tab. 16

Tab. 16: Arten von Feuerwehren

betriebliche Feuerwehren	öffentliche Feuerwehren
Werkfeuerwehr	Berufsfeuerwehr
Hafenfeuerwehr	freiwillige Feuerwehr
Flughafenfeuerwehr	
Betriebsfeuerwehr	

NUTZUNG VON RETTUNGSGERÄTEN

Erreichbarkeit

Soll bei einem Gebäude der zweite Rettungsweg über die Rettungsgeräte der Feuerwehr hergestellt werden, müssen durch frühzeitige Planung die Voraussetzungen geschaffen werden, die es der Feuerwehr ermöglichen, das Gebäude zu erreichen und ihre Fahrzeuge und Geräte aufzustellen. Dazu muss es an einer öffentlichen Verkehrsfläche liegen oder über eine gesicherte Zuwegung verfügen. Werden für Gebäude in geschlossener Bauweise Zugänge oder Zufahrten für die Feuerwehr geplant, damit die Rettung und Löscharbeiten auch von der Rückseite des Gebäudes oder aus dem Innenhof erfolgen können, muss dies bei der Dimensionierung der Passagen berücksichtigt werden. Durchgänge für die Einsatzkräfte und Durchfahrten für die Rettungsfahrzeuge müssen daher über eine ausreichende Höhe und Breite verfügen. Soll das Gebäude über einen Durchgang erschlossen werden, ist dieser Zugang für die Feuerwehr so auszustatten, dass sie mit einer tragbaren Leiter den Durchgang passieren kann. So ergeben sich Mindestmaße von mindestens 1,25 m Breite und 2 m Höhe. > Abb. 56 Ist beabsichtigt, dass Hubrettungsfahrzeuge über eine Durchfahrt die Rückseite eines Gebäudes erreichen, dann sind auch hier Mindestmaße zu beachten. Die Durchfahrbreite bemisst sich nach den Ausmaßen der Rettungsfahrzeuge, die das Gebäude im Brandfall anfahren. > Abb. 57 und Abb. 58 Die Ausmaße sind je nach Baureihe der Feuerwehrfahrzeuge sehr unterschiedlich und sollten daher mit der jeweiligen Feuerwehr abgesprochen werden. Für die Aufstellung von Hubrettungsfahrzeugen muss eine Fläche verfügbar sein, die groß genug ist, dass das Fahrzeug aufgestellt und gesichert werden kann. Weiterhin muss der Untergrund über eine ausreichende Tragfähigkeit verfügen, insbesondere, wenn sich unter Aufstellflächen Tiefgaragen oder Keller befinden.

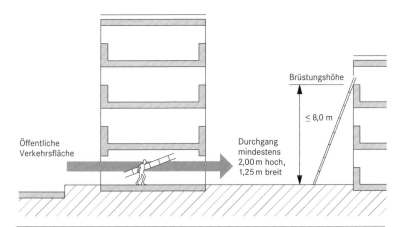

Abb. 56: Durchgang mit Feuerwehrleiter

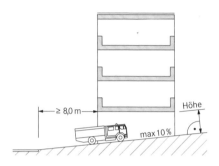

Abb. 57: Durchfahrtshöhe und -breite für Feuerwehrfahrzeuge

Abb. 58: Durchfahrtshöhe bei geneigter Durchfahrt

Die Rettungskräfte können nur eine bestimmte Rettungshöhe garantieren (Nennrettungshöhe). Für die jeweiligen Leitern (tragbare Leitern oder Drehleiter) gibt es erforderliche Aufstellwinkel (etwa 65 bis 75 Grad), damit sie sicher am Gebäude stehen und das Retten ermöglichen. Auf dem Gelände muss daher eine entsprechende Fläche zur Verfügung stehen, damit Leitern im geeigneten Abstand aufgestellt werden können und bei Einsatz von Hubrettungsfahrzeugen mit Drehleiter eine ausreichend

○ befestigte Fläche verfügbar ist. > Abb. 33

ERMÖGLICHEN VON LÖSCHARBEITEN

gesicherte
Löschwasser-
versorgung

Ist die Rettung abgeschlossen, beginnt die Feuerwehr mit den Löscharbeiten. Hierfür muss ein Gebäude über eine gesicherte Löschwasserversorgung verfügen, die z. B. über Hydranten in der unmittelbaren Umgebung des Gebäudes oder trockene bzw. nasse (also dauerhaft mit Wasser gefüllte) Steigleitungen bei größeren Gebäuden erfolgen kann.

> ○ **Hinweis**: Die Erschließung eines freistehenden
> Gebäudes ist in der Regel einfacher, weil alle Außen-
> wände des Gebäudes frei zugänglich sind. Es besteht
> die Möglichkeit, einerseits das brennende Gebäude
> nach mehreren Seiten zu verlassen und andererseits
> den Brand von verschiedenen Gebäudeseiten zu
> löschen. In einer Blockbebauung ist dies nur von der
> Straßenseite oder Blockinnenseite möglich.

Abb. 59: Überflurhydrant

Die Art und Dauer der Löscharbeiten werden je nach Brandphase (Entstehungsbrand, fortentwickelter Brand, Vollbrand), aber auch durch die Parallelerscheinungen eines Brandes beeinflusst. > Kap. Entwicklung des Brandes Zu den Parallelerscheinungen gehören zum Beispiel hohe Temperaturen, Rauchentwicklungen, die Sichtbehinderung verursachen, und toxische Gase, die den Einsatz von Atemschutz notwendig machen. > Kap. Rauch Der Löschangriff wird so lange geführt, bis der Brand unter Kontrolle und schließlich gelöscht ist.

Schlusswort

Der Brandschutz ist in jedem Land sehr spezifisch und umfangreich gesetzlich geregelt, sodass die Inhalte dieses Buchs bei einer konkreten Planung mit den jeweils geltenden Vorschriften und Normen abgeglichen werden müssen. Zur Anwendung dieser Regelwerke ist es für angehende Architekten jedoch unerlässlich, ein Grundverständnis für die Zusammenhänge zwischen Schutzzielen, vorbeugendem und abwehrendem Brandschutz zu entwickeln, um diese auf die eigene Planung übertragen zu können.

Brandschutzbelange spielen bereits bei den ersten Überlegungen zur Grundrissgestaltung eine wichtige Rolle. Ohne den ganzheitlichen Blick bleibt dabei meist nur die Anwendung von normativen Maßen und Vorgaben. Erst wenn man verstehen lernt, wie die verschiedenen Aspekte ineinandergreifen, ist es möglich, individuelle und gleichzeitig gute Entwurfslösungen zur Realisierung der Schutzziele zu entwickeln. Im Berufsleben ist die Zusammenarbeit mit Brandschutzsachverständigen davon geprägt, über gemeinsame Abstimmungen und Diskussionen optimale Lösungen für ein sicheres und gleichzeitig ansprechendes Gebäude zu finden.

LITERATUR

Lutz Battran, Josef Mayr: *Handbuch Brandschutzatlas*, Rudolf Müller Verlag, Köln 2018

Bert Bielefeld: *Architektur planen: Dimensionen, Räume, Typologien*, Birkhäuser Verlag, Basel 2016

Bert Bielefeld: *Raummaße Architektur: Flächen, Abstände, Abmessungen*, Birkhäuser Verlag, Basel 2019

Gerd Geburtig: *Baulicher Brandschutz im Bestand*, Beuth Verlag, Berlin 2012

Sylvia Heilmann: *Brandschutz in Kindergärten, Schulen und Hochschulen*, Verlag für Brandschutzpraxis, Köln 2012

Dietmar Hosser: *Leitfaden Ingenieurmethoden des Brandschutzes*, Ebner Verlag, Bremen 2013

Verein Deutscher Ingenieure e.V.: *VDI Richtlinie 3819, Brandschutz für Gebäude*, Beuth-Verlag, Düsseldorf 2016

Richard Welter, Dirk Richelmann: *Landesbauordnung NRW im Bild*, Verlag Rudolf Müller, Köln 2013

LITERATUR ONLINE

Gabriele Famers, Joseph Messerer: *„Rettung von Personen" und „wirksame Löscharbeiten" – bauordnungsrechtliche Schutzziele mit Blick auf die Entrauchung,* Grundsatzpapier der Fachkommission Bauaufsicht, 2009, www.is-argebau.de

Deutsche Gesetzliche Unfallversicherung e.V.: *Aufgaben, Qualifikation, Ausbildung und Bestellung von Brandschutzbeauftragten*, Berlin 2014, https://publikationen.dguv.de

Home Office, Department for Communities and Local Government, *Fire Safety – Risk Assessment: Offices and Shops*, London Juni 2006, https://www.gov.uk

Institut für Schadenverhütung und Schadenforschung der öffentlichen Versicherer e.V., *Ursachenstatistik Brandschäden 2018*, Kiel 2018, www.ifs-ev.org

Thomas Kempen: *Materieller Brandschutz nach BauO NRW*, Bund Deutscher Baumeister, Architekten und Ingenieure e.V., Bezirksgruppe Aachen, Aachen 2017, www.bdb-aachen.de

Ministerium für Heimat, Kommunales, Bau und Gleichstellung des Landes Nordrhein-Westfalen: *Handlungsempfehlung auf der Grundlage der Dienstbesprechungen mit den Bauaufsichtsbehörden*, Düsseldorf 2019, www.mhkbg.nrw

Ministry of Housing and Urban-Rural Development of People's Republic of China and the General Administration of Quality Supervision,

Inspection and Quarantine of the People's Republic of China, *Code for fire protection design of buildings Guo Biao 50016-2014*, Peking Mai 2015, www.wdfxw.net

Ministry of Housing, Communities & Local Government, *Approved Document B*, London Dezember 2010, www.gov.uk

Fabian Müller: *Einsatztaktik für die Feuerwehr Hinweise zur Ventilation bei Brandeinsätzen*, Landesfeuerwehrschule Baden-Württemberg, Bruchsal 2016, www.lfs-bw.de

Tanja Muth et al.: *Leistungsfähigkeit von Rettungsgeräten der Feuerwehr bei der Rettung von Personen aus Obergeschossen baulicher Anlagen*, Forschungsstelle für Brandschutztechnik, Karlsruhe 2016, www.ffb.kit.edu

Jochen Stein: *Qualitätskriterien für die Bedarfsplanung von Feuerwehren in Städten*, AGBF Bund im Deutschen Städtetag, Bonn 2015, www.agbf.de

VdS Schadenverhütung GmbH: *Notwendigkeit von Brandschutzbeauftragten*, VdS-Verlag, Köln 2018, https://vds.de

GESETZE/ RICHTLINIEN/ REGELN

Arbeitsschutzgesetz (ArbSchG), August 1996

Bauordnung Nordrhein-Westfalen 2018 (BauO NRW 2018), Juli 2018

Gesetz über den Brandschutz, die Hilfeleistung und den Katastrophen-
schutz (BHKG), Dezember 2015

Musterbauordnung (MBO), November 2002

Muster-Hochhausrichtlinie (MHHR), April 2008

Muster-Industriebaurichtlinie (MIndBauRL), Juli 2017

Musterverwaltungsvorschrift Technische Baubestimmungen (MVV TB),
Januar 2017

Muster-Verkaufsstättenverordnung (MVKVO), September 1995

Sonderbauverordnung Nordrhein-Westfalen (SBauVO), Dezember 2016

Technische Regeln für Arbeitsstätten (ASR), Mai 2018

NORMEN (AUSWAHL)

BS 9999	Fire safety in the design, management and use of buildings. Code of practice
DIN 4102	Brandverhalten von Baustoffen und Bauteilen
DIN 14096	Brandschutzordnung – Regeln für das Erstellen und das Aushängen
DIN 18040	Barrierefreies Bauen, Planungsgrundlagen
DIN 18232	Rauch- und Wärmefreihaltung
DIN EN 1365	Feuerwiderstandsprüfungen für tragende Bauteile
DIN EN 1634	Feuerwiderstandsprüfungen für Türen, Tore, Abschlüsse und Fenster
DIN EN 13501	Klassifizierung von Bauprodukten und Bauarten zu ihrem Brandverhalten
DIN ISO 23601	Sicherheitskennzeichnung – Flucht- und Rettungs- pläne

BILDNACHWEIS
Titelfoto: Bert Bielefeld
Abbildung 47: Pixabay
Alle übrigen Fotos: Diana Helmerking
Zeichnungen: Marijana Mariç, Marga-Maria Weidt

AUTORIN
Diana Helmerking, Dipl.-Ing (FH), Architektin, wissenschaftliche Mitarbeiterin im Lehrgebiet Bauökonomie und Baumanagement der Universität Siegen

**EBENFALLS IN DIESER
REIHE BEI BIRKHÄUSER ERSCHIENEN:**

Entwerfen

Basics Barrierefrei Planen
Isabella Skiba, Rahel Züger
ISBN 978-3-0356-1008-6

Basics Büroplanung
Bert Bielefeld
ISBN 978-3-0356-1380-3

Basics Entwerfen und Wohnen
Jan Krebs
ISBN 978-3-03821-521-9

Basics Entwurfsidee
Bert Bielefeld, Sebastian El Khouli
ISBN 978-3-0346-0675-2

Basics Materialität
M. Hegger, H. Drexler, M. Zeumer
ISBN 978-3-0356-0302-6

Basics Methoden der Formfindung
Kari Jormakka
ISBN 978-3-0356-1032-1

Basics Raumgestaltung
Ulrich Exner, Dietrich Pressel
ISBN 978-3-0356-1001-7

Als Kompendium erschienen:
Basics Entwurf
Bert Bielefeld (Hrsg.)
ISBN 978-3-03821-558-5

Darstellungsgrundlagen

Basics Architekturfotografie
Michael Heinrich
ISBN 978-3-03821-522-6

Basics Detailzeichnen
Björn Vierhaus
ISBN 978-3-0356-1376-6

Basics CAD
Jan Krebs
ISBN 978-3-7643-8086-1

Basics Freihandzeichnen
Florian Afflerbach
ISBN 978-3-03821-543-1

Basics Modellbau
Alexander Schilling
ISBN 978-3-0346-0677-6

Basics Technisches Zeichnen
Bert Bielefeld, Isabella Skiba
ISBN 978-3-0346-0676-9

Als Kompendium erschienen:
Basics Architekturdarstellung
Bert Bielefeld (Hrsg.)
ISBN 978-3-03821-528-8

Konstruktion

Basics Betonbau
Katrin Hanses
ISBN 978-3-0356-0361-3

Basics Dachkonstruktion
Tanja Brotrück
ISBN 978-3-0356-1662-0

Basics Fassadenöffnungen
Roland Krippner, Florian Musso
ISBN 978-3-7643-8465-4

Basics Glasbau
Andreas Achilles,
Diane Navratil
ISBN 978-3-0356-1988-1

Basics Holzbau
Ludwig Steiger
ISBN 978-3-0346-1329-3

Basics Mauerwerksbau
Nils Kummer
ISBN 978-3-0356-1987-4

Basics Stahlbau
Katrin Hanses
ISBN 978-3-0356-0364-4

Basics Tragsysteme
Alfred Meistermann
ISBN 978-3-0356-2004-7

Als Kompendium erschienen:
Basics Baukonstruktion
Bert Bielefeld (Hrsg.)
ISBN 978-3-0356-0371-2

Berufspraxis
Basics Ausschreibung
Tim Brandt,
Sebastian Franssen
ISBN 978-3-03821-518-9

Basics Bauleitung
Lars-Phillip Rusch
ISBN 978-3-03821-519-6

Basics Kostenplanung
Bert Bielefeld, Roland Schneider
ISBN 978-3-03821-530-1

Basics Projektplanung
Hartmut Klein
ISBN 978-3-7643-8468-5

Basics Projektsteuerung
Pecco Becker
ISBN 978-3-0356-1695-8

Basics Terminplanung
Bert Bielefeld
ISBN 978-3-7643-8872-0

Als Kompendium erschienen:
Basics Projekt Management
Architektur
Bert Bielefeld (Hrsg.)
ISBN 978-3-03821-461-8

Städtebau
Basics Stadtanalyse
Gerrit Schwalbach
ISBN 978-3-0356-2013-9

Basics Stadtbausteine
Th. Bürklin, M. Peterek
ISBN 978-3-0356-1002-4

Bauphysik und Haustechnik
Basics Lichtplanung
Roman Skowranek
ISBN 978-3-0356-0929-5

Basics Raumkonditionierung
Oliver Klein, Jörg Schlenger
ISBN 978-3-0356-1661-3

Basics Wasserkreislauf im Gebäude
Doris Haas-Arndt
ISBN 978-3-0356-0565-5

Als Kompendium erschienen:
Basics Gebäudetechnik
Bert Bielefeld (Hrsg.)
ISBN 978-3-0356-0927-1

Erhältlich im Buchhandel oder unter
www.birkhauser.com

Konzept: Bert Bielefeld, Annette Gref

Lektorat: Annette Gref, Sarah Schwarz

Projektkoordination: Annette Gref

Herstellung: Amelie Solbrig

Layout und Covergestaltung: Andreas Hidber

Satz: Sven Schrape

Papier: Magno Natural, 120 g/m²
Druck: Beltz Grafische Betriebe,
Bad Langensalza

Library of Congress Control Number:
2019952663

Bibliografische Information der Deutschen
Nationalbibliothek
Die Deutsche Nationalbibliothek verzeichnet
diese Publikation in der Deutschen Nationalbib-
liografie; detaillierte bibliografische Daten sind
im Internet über http://dnb.dnb.de abrufbar.

ISBN 978-3-0356-1858-7
e-ISBN (PDF) 978-3-0356-1946-1
e-ISBN (EPUB) 978-3-0356-1928-7
Englisch Print-ISBN 978-3-0356-1859-4

© 2020 Birkhäuser Verlag GmbH, Basel
Postfach 44, 4009 Basel, Schweiz
Ein Unternehmen der Walter de Gruyter GmbH,
Berlin / Boston

9 8 7 6 5 4 3 2 1
www.birkhauser.com